Zwischen Leipziger Platz und Wilhelmstraße

Einhundertundzwanzig Exemplaren dieses Bandes liegt eine Original-Radierung von Matthias Holländer bei, die zwanzig römisch numerierten sind nicht für den Handel bestimmt.

© Verlag Frölich & Kaufmann GmbH,
Berlin
Gestaltung:
Regelindis Westphal, Berlin
Satz:
Fotosatz Richard, 8710 Kitzingen
Lithos:
Kirschbaum & Mende, 8702 Rottendorf
Rink & Silbermann, Berlin
Druck:
VTV-Offizin, 8711 Münsterschwarzach
Auflage: 2000 Exemplare
Berlin (West) 1981
Printed in Western Germany
ISBN 3-88725-025-7

# Zwischen Leipziger Platz und Wilhelmstraße

Das ehemalige Kunstgewerbemuseum zu Berlin und die bauliche Entwicklung seiner Umgebung von den Anfängen bis heute

Andreas Bekiers
Karl-Robert Schütze

Frölich & Kaufmann

## Vorwort

Zwischen Leipziger Platz und Wilhelmstraße – in den Zwanziger Jahren nicht nur kulturelles Zentrum Deutschlands, schien das von der Leipziger, der Königgrätzer und Anhalter Straße begrenzte Areal nach dem Zweiten Weltkrieg so etwas wie ein besonderer Gradmesser für die internationale politische Lage zu sein, eine Funktion, die es in den letzten Jahren weitgehend eingebüßt hat. Während auf östlicher Seite ein breiter Grenzstreifen die Annäherung an diese doch recht zufällige Bezirksgrenze im Verlauf der ehemaligen Prinz-Albrecht-Straße unmöglich macht, wird auf westlicher Seite endlich über eine Konzeption zu intensiverer Nutzung dieser letzten großen enttrümmerten Fläche nachgedacht. Zwischen der südlichen Friedrichstadt und der Luisenstadt sowie dem Tiergartenviertel soll das neue Kunst- und Kulturzentrum um Philharmonie und Neuer Nationalgalerie entstehen. Glücklicherweise bleibt das ehemalige Kunstgewerbemuseum – leider nicht in der alten Nutzung – als Berliner Kulturzentrum wie ein Ableger dem kulturellen Mittelpunkt weit ostwärts vorgelagert.

Schon vor einhundert Jahren zeigte sich mit seinem Bau die inzwischen in Vergessenheit geratene Tendenz, die übermäßige Anhäufung von Kunstschätzen der Museumsinsel aufzufächern und weiter über die Stadt zu streuen.

Das Interesse an dem ehemaligen Kunstgewerbemuseum leitet sich zunächst her von der architektonischen Bedeutung des Bauwerks, als eines sehr späten, aber äußerst qualitätvollen Zeugnisses für die auf Karl Friedrich Schinkel zurückgehende Berliner Schule. Das wurde nicht immer positiv bewertet und so ist der im Krieg teilzerstörte, aber doch wiederherstellbare Bau auch ein Prüfstein für eine Wissenschaft, die aus ihrer Befangenheit gegenüber den Erzeugnissen des neunzehnten Jahrhunderts nicht zu einem abgewogenen Urteil fähig war und damit dieses wichtige Zeugnis dem Verfall preisgegeben hat. Halten wir uns vor Augen, daß viele der unreparierbaren Schäden nicht auf den Krieg sondern auf Plünderungen der Nachkriegszeit zurückgehen.

Die Umgebung ist von besonderem Interesse, weil sie eine eigene Entwicklung zwischen den Mietskasernen im Süden und den Ministergärten im Norden widerspiegelt. Wohnen und Handel, Kunst und Politik fanden sich hier in einer seltsamen Mischung, die sich sogar nach der Teilung rudimentär erhalten hat.

Durch etwa zweihundert Bilddokumente und begleitende Texte will der vorliegende Band – zunächst war eine Ausstellung geplant – die Geschichte dieser bewußt eng begrenzten Gegend darstellen und einem Publikum näherbringen, das heute vor Ort nicht mehr die Möglichkeit hat, sich eine Vorstellung von der historischen Entwicklung zu machen.

Wenn diese Arbeit dazu dienen kann, das Wissen über das ins Zentrum des Interesses gerückte Haus und seine unmittelbare Umgebung zu verbreiten und dem Besucher eine Vorstellung von der zweihundertfünfzigjährigen Entwicklung seit der planmäßigen Erweiterung der Friedrichstadt zu vermitteln, hat sie das gestellte Ziel erreicht.

Inhalt/Register

## 1723–1799

8 Die Erweiterung der Friedrichstadt, 10 Das Palais Vernezobre, 13 Der Ausbau der Friedrichstadt, 14 Bauen um jeden Preis?, 16 Nicolai: Berlin 1786, 17 Die Königliche Porzellanmanufaktur, 19 Friedrich Gilly: Ein Denkmal für Friedrich II. auf dem Achteck

## 1800–1870

20 Die Überwindung der Stadtgrenze, 22 Neander: Berlin 1799, 24 Der Leipziger Platz, 28 Leipziger Straße 3, 29 Das Preußische Herrenhaus, 30 Die Luisenstiftung, 30 Das Palais des Prinzen Albrecht, 33 Anhalter Bahnhof und Askanischer Platz, 34 Leipziger Straße 5–7 / Das Kriegsministerium, 35 Fanny Lewald: Berlin 1848, 35 Das Landwehr-Zeughaus, 36 Die Umgestaltung des Leipziger Platzes

## 1871–1909

39 Kein Platz für Denkmäler, 40 Preußische Planungen: Reichstag und Landtag, 42 Leipziger Straße 4 / Der provisorische Reichstag, 44 Preußische Planungen: Reichstag und Gewerbeakademie, 47 Das Kunstgewerbemuseum, 52 Das Völkerkundemuseum, 54 Wilhelmstraße 92–93 / Das Haus des Architektenvereins, 55 Stadtplanung in der Sackgasse, 56 August Orth: Die Verlängerung der Zimmerstraße, 58 Der Preußische Landtag, 62 Die preußischen Ministerien, 63 Das Wohnhaus des Handelsministers, 64 Die Kunstgewerbeschule, 67 Ein „Juwel des Städtebaus", 68 Das Hotel Fürstenhof

## 1910–1945

70 Der Wettbewerb „Groß-Berlin", 71 Die Königskolonnaden, 71 . . . zur staunenden Bewunderung?, 74 Bruno Möhring: Das bessere Berlin, 76 Das Europahaus, 79 Nach der „Machtergreifung", 81 Die Geheime Staatspolizei

## 1945–1981

82 Das Ende an der Prinz-Albrecht-Straße, 84 Käthe Niederkirchner, 87 Die Deutsche Wirtschaftskommission, 88 Die Ruine des Kunstgewerbemuseums, 92 Martin-Gropius-Bau und Schinkel-Ausstellung

Bildquellennachweis
Literaturhinweise

## Register

Die Seitenzahlen verweisen auf Textstellen und auf Abbildungen

| | | | |
|---|---|---|---|
| Abgeordnetenhaus, Preußisches | 42, 46, 58–61, 67, 73, 77, 83, 87 | Architektenverein | 46, 54, 55, 73, 79 |
| | | Askanischer Platz | 33, 41, 70, 74, 75, 77, 78 |
| Achteck, = Oktogon, → Leipziger Platz | 16, 19, 22, 25 | Bauakademie | 44 |
| | | Bauschule, Allgemeine | 46, 54, 78, 92, 93 |
| Admiralität | 37 | Bau-Taxa | 14, 15 |
| Akademie des Bauwesens | 60 | Befreiungsdom | 39 |
| Akzisemauer, = Zollmauer | 9, 37 | Berlinische Galerie | 92 |
| Alexis, Willibald | 13 | Bielenberg, Richard | 69, 76, 78 |
| Anhalter Bahnhof | 21, 33, 37, 40, 56, 70, 71, 74–78, 86 | Biersches Haus | 36, 37, 63 |
| | | Bismarck, Otto von | 40, 43 |
| Anhalter Tor | 33 | Blum, Otto | 70 |
| Anhaltische Straße, = Anhalt-Straße, = Anhalter Straße | 21, 33, 37, 56, 75, 77 | Blumesche Erben | 28 |
| | | Böck, Johann Gottfried | 11 |
| Ansbachisches Palais, → Palais Vernezobre | 30, 31 | Böckmann, Wilhelm | 46, 52–54 |
| | | Borchel | 36 |

# Register

| | | | |
|---|---|---|---|
| Bötticher, Karl | 37 | Hegemann, Werner | 76 |
| Boumann d. Ä. | 17 | Hensel, Sebastian | 28 |
| Brix, Joseph | 71 | Hensel, Wilhelm | 28 |
| Brunow, Ludwig | 48 | Herrenhaus, Preußisches | 21, 28, 29, 37, 40, 41, 59–61, 73, 76 |
| Bund, Norddeutscher | 42 | | |
| Bürde, Heinrich | 29, 37 | Heyden, Adolf | 39 |
| Busch, Georg Paul | 8, 10 | Heydrich, Reinhard | 79 |
| Busse, August | 46, 62 | Himmler, Heinrich | 79 |
| Calau, Friedrich August | 25 | Hinkeldeyn, Karl | 59 |
| Communication | 9, 20, 21, 31, 33, 35, 37 | Hirschelstraße | 33 |
| Dannhauer | 18 | Hitzig, Friedrich | 42, 44 |
| Derschau, Flügeladjutant von | 10 | Högg, Emil | 69 |
| Dietrichs, Hermann | 51 | Holländer, Matthias | 89 |
| Diorama | 41 | Holtzmann, Gustav | 33 |
| Dönhoffplatz | 16, 41, 59 | Hotel Fürstenhof | 37, 68, 69, 71, 72 |
| Dorvillesches Haus | 17 | Hotel Leipziger Hof | 37 |
| Drewitz, Wilhelm | 24, 35 | Hotel Prinz Albrecht | 57, 66, 74, 79 |
| Dusableau, G. | 8, 9 | Humboldt, Alexander von | 28 |
| Eberlein, Gustav | 51 | Humboldt, Caroline von | 30 |
| Eberstadt, Rudolf | 70 | Humboldt, Wilhelm von | 30 |
| Emmerich, Paul | 29 | Hundrieser, Emil | 48 |
| Ende, Hermann | 46, 52–54 | Kayser, Heinrich | 71 |
| Ephraim-Palais | 78 | Kieschke, Paul | 63 |
| Europahaus | 76–78, 85 | Klinger, Max | 40 |
| Ewald, Ernst | 48 | Knoblauch, Eduard | 37 |
| Exerzierhaus | 16 | Kochstraße | 23, 88 |
| Fallada, Hans | 81 | Kommerz- und Manufakturkommission | 28 |
| Finanzministerium, preußisches | 72, 73 | | |
| Firle, Otto | 76–78 | Königgrätzer Straße | 37, 40, 41, 46, 56, 67–69, 71–78 |
| Forcade, Kapitän von | 10 | | |
| Friedrich II. | 14, 16, 19 | Königskolonnaden | 71 |
| Friedrich Wilhelm I. | 8–10, 13, 28 | Königsplatz | 41, 43, 44 |
| Friedrich Wilhelm II. | 19 | Konzerthaus | 70 |
| Friedrich Wilhelm III. | 25, 37 | Konzertsaal | 67, 71 |
| Friedrich Wilhelm IV. | 35 | Korthals, Manfred | 91 |
| Friedrichsdenkmal | 19 | Kriegsministerium, preußisches | 21, 34, 35, 46, 55–57, 59, 62, 67, 71, 73, 74 |
| Friedrichstadt | 8, 13, 16, 18, 20, 25, 39 | | |
| Fürstenau, Ewald | 63 | Kriegsministerium, preußisches, Garten | 34, 41, 45, 46, 54–57, 59, 67, 71, 72, 74 |
| Garde-Dragoner-Kaserne | 35 | | |
| Geheime Staatspolizei | 79–82, 88 | Kunstbibliothek | 64, 65, 79 |
| Geheimratsviertel | 33, 37 | Kunstgewerbemuseum | 41, 47–53, 55–57, 59, 60, 64–66, 67, 74–77, 79, 84, 86, 88–95 |
| Generalinspektion der Artillerie | 63 | | |
| General-Militärkasse | 46, 55, 62, 71–73 | | |
| Genzmer, Felix | 71 | Kunstgewerbeschule | 64–67, 71, 74, 75, 77, 79, 82, 83, 88 |
| Gerlach, Philipp | 8, 13 | | |
| Geselschap, Friedrich | 48 | Kunsthalle Berlin | 92 |
| Gewerbeakademie | 41, 44–46, 52, 67 | Kyllmann, Walther | 39 |
| Gewerbemuseum | 40, 41, 44–46 | Landtag, Preußischer, → Abgeordnetenhaus, → Herrenhaus | 40, 41, 58–61, 72, 73, 80, 95 |
| Geyer, Otto | 48 | | |
| Gilly, Friedrich | 19 | Landwehrgraben | 8, 9, 33 |
| Göring, Hermann | 79, 80 | Landwehrkanal | 33, 70 |
| Gotzkowski, Johann Ernst | 16, 17, 28 | Landwehr-Zeughaus | 21, 35, 40, 41, 46 |
| Grimm, Herman | 72 | Landwirtschaftsministerium, preußisches | 37, 62, 63, 72, 73 |
| Gröben, Johann Heinrich von der | 28 | | |
| Groebenschütz, B. | 32 | La Pierre, G. | 62 |
| Gropius, Martin | 42, 44, 46–48, 51–53, 67, 93 | Lazarett | 20, 46 |
| | | Leipziger Platz, → Achteck | 16, 19, 24–28, 36, 37, 40, 63, 68–73, 79 |
| Großheim, Karl von | 71 | | |
| Hallesches Tor | 20, 33 | Leipziger Straße | 9, 13, 16, 17, 20, 22–25, 27–29, 34–37, 40–42, 45, 54, 56, 59–63, 73, 74, 79, 80 |
| Handelsministerium, preußisches | 41, 46, 63, 73 | | |
| Happesches Palais | 34 | | |
| Hauptritterschaftskreditkollegium | 16 | | |
| Haus, Eisenfreies | 28 | Lenné, Peter Josef | 25 |
| Haus der Flieger | 80 | Lessing, Otto | 48 |
| Haus Mendelssohn | 28 | Lewald, Fanny | 35 |
| Haus Vatke | 37, 63 | Liebenow, Wilhelm | 21, 55 |
| Havestadt & Contag | 70 | Lindenstraße | 8 |

| | |
|---|---|
| Loebensches Haus | 16 |
| Lucae, Richard | 44–47, 59, 71 |
| Luisenstiftung | 30 |
| Machtergreifung | 79 |
| March, Terrakottafabrik | 34, 48 |
| Marstall, Charlottenburger | 35 |
| Martin-Gropius-Bau | 89, 92, 93, 95 |
| Mauerstraße | 9 |
| Meinhardt, R. | 38 |
| Mendelssohn, Familie | 28, 29 |
| Mendelssohn-Bartholdy, Felix | 28 |
| Merz, Johann Gottfried | 11 |
| Messel, Alfred | 68 |
| Meyer, Wilhelm Christian | 25 |
| Ministergärten | 9, 41 |
| Ministerium für Volkswohlfahrt | 73 |
| Möhring, Bruno | 66, 70, 74, 75 |
| Moreau, Clément, = Carl Meffert | 81 |
| Moser, Joseph | 69, 76, 78 |
| Mühsam, Erich | 81 |
| Museum für Vor- und Frühgeschichte | 88 |
| Muthesius, Hermann | 63 |
| Nalli-Rutenberg, Agathe | 33 |
| Neander, = Karl von Petersheiden | 22, 23 |
| Nering, Johann Arnold | 8 |
| Nicolai, Friedrich | 16–18 |
| Niederkirchner, Käthe | 84 |
| Niederkirchnerstraße | 89, 95 |
| Noack | 48 |
| Obelisk | 39 |
| Oberbaudeputation | 44 |
| Oberbergamt | 21 |
| Oktogon, → Achteck | |
| Opernbrücke | 25 |
| Orth, August | 56, 57 |
| Palais Prinz Adalbert | 36, 37, 63 |
| Palais Prinz Albrecht | 30–32, 55, 62, 70, 74, 77–79, 82, 88 |
| Palais Prinzessin Amalie, → Palais Vernezobre | 18 |
| Palais Prinzessin Friedrich Karl, → Palais Prinz Adalbert | 63 |
| Palais Raczynski | 44 |
| Palais Vernezobre | 10, 11, 13, 18, 30, 31 |
| Petersen, Richard | 70 |
| Polytechnikum | 46 |
| Porzellanmanufaktur | 16, 17, 28, 40–42, 44–46, 54, 59 |
| Potsdamer Bahnhof | 21, 37, 39, 40, 56, 68, 70, 71, 74 |
| Potsdamer Platz | 21, 25, 26, 39, 56, 58, 68–71 |
| Potsdamer Straße | 75 |
| Potsdamer Tor | 16, 19, 20, 22, 24, 25, 27, 33, 35 |
| Preußen-Ausstellung | 92, 94 |
| Preußenhaus | 80 |
| Prinz Adalbert | 37 |
| Prinz Albrecht | 31 |
| Prinz-Albrecht-Garten | 32, 41, 46, 74–78, 88 |
| Prinz-Albrecht-Straße | 57–61, 64–66, 67, 70–73, 77, 79, 80, 87 |
| Rauch, Christian Daniel | 19 |
| Recke, Carl Friedrich von der | 28 |
| Reckesches Haus | 16 |
| Reichsausgleichsamt | 73 |
| Reichsluftfahrtministerium | 73, 79, 80, 83, 86, 87 |
| Reichssicherheitshauptamt | 82 |
| Reichstag, Deutscher | 29, 40–46, 59 |
| Reichstag, Norddeutscher | 29 |
| Reuß'sches Palais | 16, 34 |
| Rondell | 9, 89 |
| Rosenbaum | 33 |
| Saarlandstraße | 77 |
| Sagebiel, Ernst | 79, 80 |
| Salviati, Glasmosaikfabrik | 48 |
| Sammetfabrik | 28 |
| Schafgraben | 33 |
| Schahl, A. | 35 |
| Schaller, Ernst Johannes | 51 |
| Scheffler, Karl | 70 |
| Schinkel, Karl Friedrich | 19, 24, 25, 30–32, 39, 54, 71, 76–78, 92, 93 |
| Schinkel-Ausstellung | 92, 93 |
| Schinkel-Wettbewerb | 46 |
| Schliemann, Heinrich | 52 |
| Schloßmuseum | 65 |
| Schmettau, Samuel von | 12, 13 |
| Schmidt, Georg Friedrich | 12 |
| Schmieden, Heino | 42, 46–48, 51–53, 67, 92, 93 |
| Schmitz, Bruno | 70 |
| Schulze, Friedrich | 58–61 |
| Selter, Jean Chrétien | 20, 33 |
| Siemering, Rudolph | 43, 48 |
| Simond, Seidenweber | 28 |
| SS | 79, 80, 88 |
| Staatsrat, Preußischer | 73 |
| Stiftung Preußischer Kulturbesitz | 89 |
| Strack, Heinrich | 36, 37 |
| Straßenreinigungsdepot | 21, 46 |
| Straube, Julius | 46 |
| Strauch, Friedrich | 37 |
| Stresemannstraße | 52, 95 |
| Stüler, Friedrich August | 34 |
| Sussmann-Hellborn, Louis | 48 |
| Tiedemann, Christoph von | 59 |
| Tiergarten | 9, 18, 21, 37 |
| Titz, Oskar | 54 |
| Unger, Georg Christian | 16 |
| Unter den Linden | 9, 18, 45 |
| Verein Berliner Künstler | 55 |
| Vereinigung Berliner Architekten | 72 |
| Vetter, E. | 62 |
| Völkerkundemuseum | 46, 52, 53, 56, 65, 67, 72, 76–78, 88, 89 |
| Wallot, Paul | 43 |
| Walther, Johann Friedrich | 10 |
| Wegely, Wilhelm Caspar | 17 |
| Wertheim | 68 |
| Wettbewerb „Groß-Berlin" | 70, 71, 74, 76 |
| Wettbewerb „Hauptstadt Berlin" | 87, 88 |
| Wilberg, Christian | 51 |
| Wilhelm I. | 39, 42 |
| Wilhelm II. | 39 |
| Wilhelmstraße | 9, 13, 18, 20, 22, 23, 31, 33, 34, 40, 54, 56, 57, 62, 70–76, 79, 80 |
| Wirtschaftskommission, Deutsche | 87 |
| Zielke, Leopold | 16 |
| Zimmerstraße | 13, 23, 40, 56, 74 |
| Zimmerstraße, Verlängerte, → Prinz-Albrecht-Straße | 41, 45–47, 54–57, 59, 67 |
| Zollmauer, = Akzisemauer | |

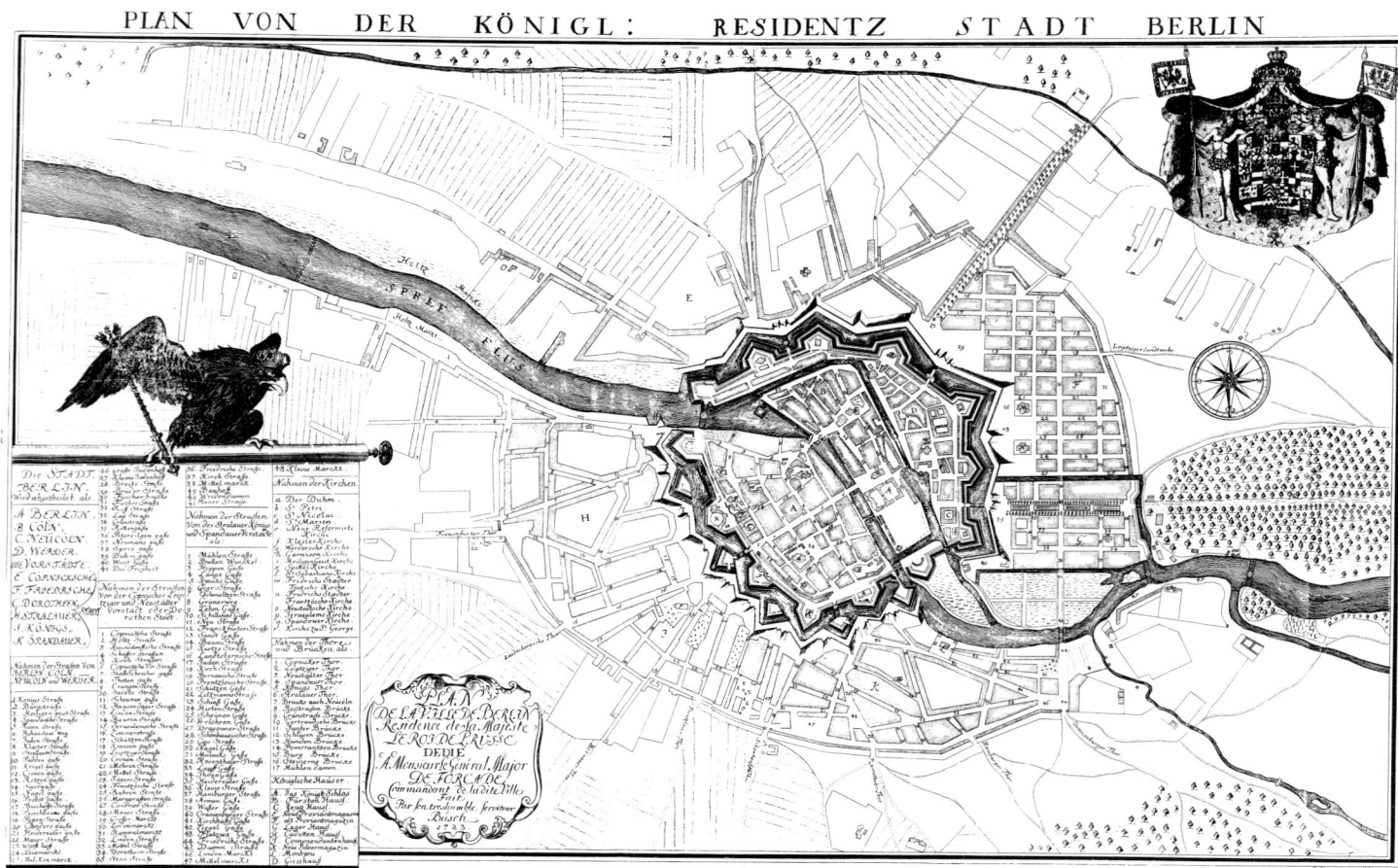

Plan der Königlichen Residenzstadt Berlin, 1723, gezeichnet von G. Dusableau, gestochen von Georg Paul Busch (der Plan ist gesüdet)

**Die Erweiterung der Friedrichstadt**

Vor über 250 Jahren wurde mit der Anlage der Friedrichstadt als südwestlicher Erweiterung Berlins ein Grundstein gelegt zur planvollen Ergänzung des Stadtgebietes. Nachdem die Einwohnerzahl unter der Regierung Friedrich Wilhelm I. zeitweilig aus Furcht vor den Zwangsrekrutierungen abgesunken war, wandte sich der König später mit größerem Interesse seiner Residenz zu und förderte insbesondere die restliche Bebauung der von seinem Vater angelegten Friedrichstadt. Friedrich I. hatte Berlin über das Bedürfnis hinaus zu einer der größten Städte Europas erweitern lassen. Die Zahl der Häuser sollte die Macht des Herrschers illustrieren. Noch im Jahr 1721 zählte man in Berlin 583 wüste Stellen, die kein Haus trugen, die nicht einmal als Gärten eingezäunt waren. Die Pflicht der Grundeigentümer, Häuser zu errichten, wurde durch neue Verordnungen bekräftigt. In einem Patent vom 23. 5. 1721 versprach der König den Bauwilligen die unentgeltliche Lieferung der notwendigen Baumaterialien, außerdem wurden diesem Personenkreis auf gewisse Zeit die Grundsteuern und Servislasten erlassen, d. h., sie wurden von der Einquartierung befreit und brauchten den als Ausgleich dafür erhobenen Zins nicht zu entrichten.

Mit drakonischen Strafen erreichte der König schließlich, daß das von seinem Vater abgesteckte Gelände vollständig bebaut wurde. Durch Kabinettsordre vom 20. 1. 1723 befahl er die Planung zur Erweiterung der Friedrichstadt.

Philipp Gerlach hat in sehr deutlichem Gegensatz zu dem alten Plan Johann Arnold Nerings die Blockstruktur zugunsten sehr langer Achsen aufgegeben. Die Bebauung vollzog sich in den ersten Jahren entlang der Friedrichstraße, deren Schnittpunkt mit der schon im Plan von 1723 vorhandenen Lindenstraße zu einem runden Markt- und Exerzierplatz gestaltet wurde. Dieser lag noch vor dem Landwehrgraben. In diesen Gebieten, die für die Ansiedlung der Gewerbe bestimmt waren, ging der Ausbau zügig voran, weil von Seiten der unter Druck gesetzten Handwerker kaum Widerstand gegen die Planungen des Königs möglich war.

Wie im Süden bedurfte es auch im Westen einer neuen Grenze, die großzügig weite Ländereien und auch Teile

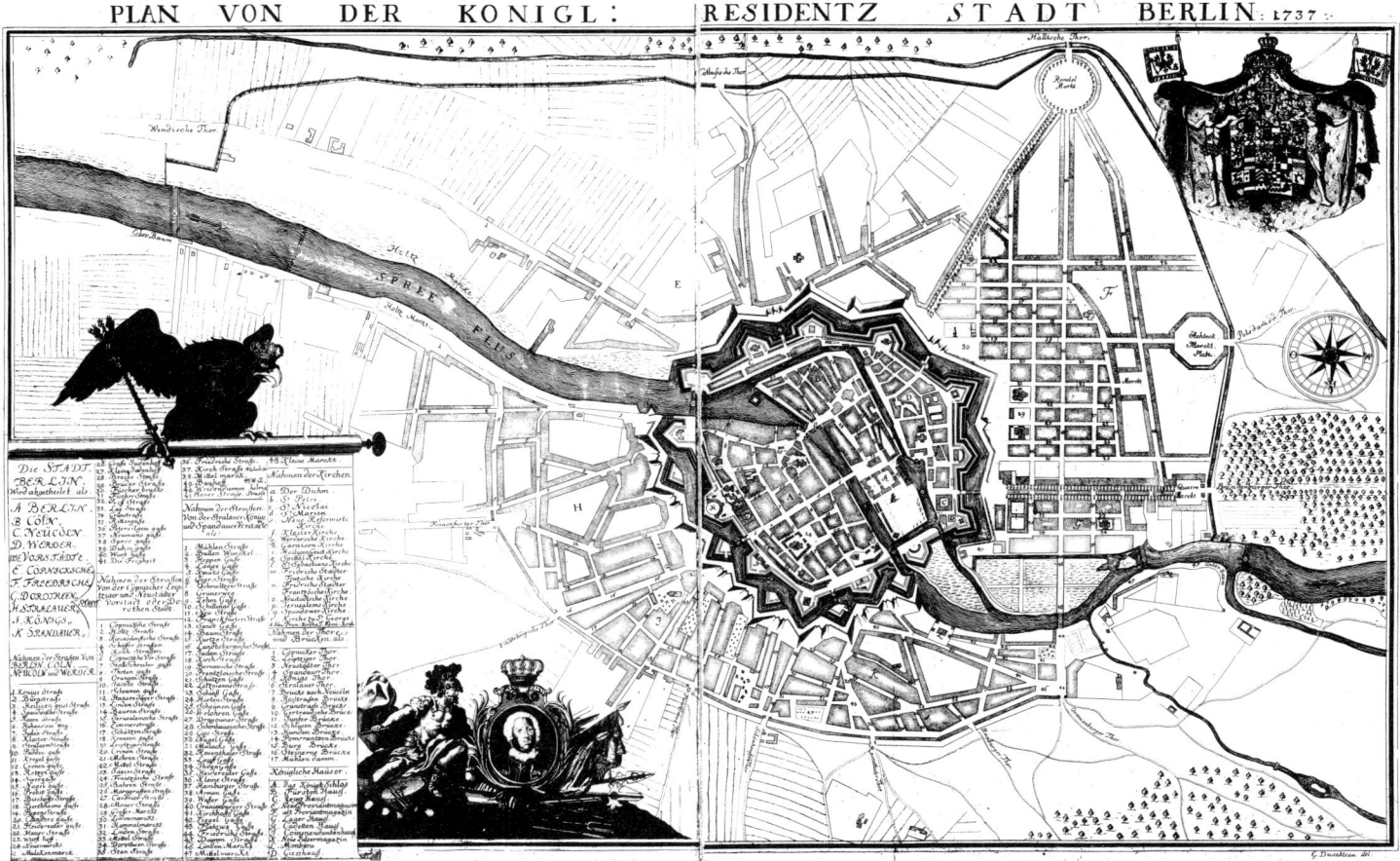

Plan der Königlichen Residenzstadt Berlin, 1737, gezeichnet von G. Dusableau (der Plan ist gesüdet)

des Tiergartens einschloß. Die bauliche Erschließung blieb lange Zeit ungeklärt. So fehlt z. B. ein analog zur alten Mauerstraße ausgebildeter Straßenzug, auch dies sicherlich ein Beweis dafür, daß die Stadterweiterung weit über das notwendige Maß hinaus betrieben wurde.

Die Berliner Stadtgrenze wurde nun nicht mehr durch Festungswälle gebildet, eine Zollmauer, die gleichzeitig dazu diente, die Soldaten am Desertieren zu hindern, war aber noch unumgänglich.

Analog zu dem runden Platz am Landwehrgraben erhielten die beiden nach Westen führenden Straßen ebenfalls noch innerhalb der Stadtgrenze große Plätze. Diese Freiflächen ohne eine architektonische Gliederung sollten zunächst als Übungs- und Versammlungsplätze der im Stadtgebiet verstreut einquartierten Soldaten dienen. Außerdem sollten einige der Märkte aus der Innenstadt an den Rand verlagert werden, ein Plan, den der König nicht oder nur teilweise durchsetzen konnte.

Da bisweilen graphische Gesichtspunkte in der sich auf zweidimensionaler Fläche vollziehenden Stadtplanung eine Rolle spielen, wurde der eine Platz als Achteck, der andere als Quadrat angelegt. Die „Straße unter den Linden" behielt ihren Namen auch in der Verlängerung bei, während die Fortsetzung der Leipziger Straße zunächst Potsdamer Straße genannt wurde, ein Name, der sich später für das außerhalb des Tores liegende Stück eingebürgert hat.

Der westliche, uns hier besonders interessierende Teil des neu erschlossenen Gebietes sollte hauptsächlich adligen und begüterten Personen zur Ansiedlung vorbehalten bleiben. Der König zwang seine Minister, die Hofwürdenträger und Staatsdiener, viele Offiziere und alle reichen Leute, deren Vermögen er kannte, zu bauen, er selbst teilte das Gelände zu. Widerspruch gab es nicht, wollte der „Günstling" nicht in Ungnade fallen. Es mußte gebaut werden. Die Fläche zwischen den „Linden" und der Leipziger Straße, die einen Teil des Tiergartens einschloß, wurde somit in der vom König gewünschten Form bebaut. In schneller Folge entstanden die Palais in der nördlichen Wilhelmstraße. Von dieser Zeit leitet sich der Name „Ministergärten" für die Parkanlagen her, die auf dem ehemaligen Tiergartengelände zwischen den Gartenfronten der Häuser und der Akzisemauer angelegt worden waren. Von dem regen Interesse an der bevorzugten Wohngegend profitierten auch noch beide Seiten der Leipziger Straße. An der südlichen Wilhelmstraße kam es zu keiner vernünftigen Grundstücksbildung. Die Gärten hatten keine ausreichende Tiefe, die Anlage größerer Palais schied damit von vornherein aus. So wohnten in der Wilhelmstraße zwischen Leipziger Straße und Rondell meist arme Leute. Es gelang nur ein einziges Palais dort anzusiedeln, dessen Garten mit denen von der Leipziger Straße eine gemeinsame Grenze hat, nun aber das langgestreckte Straßendreieck – Communication, Leipziger Straße, Wilhelmstraße – quer durchschneidet. Diese merkwürdige und offenbar recht zufällige Grundstücksgestaltung hat die Entwicklung des Gebietes nachhaltig beeinflußt. Maßgebend war hauptsächlich, daß das Palais die einzige vorgesehene Ost-West-Verbindung zwischen Wilhelmstraße und Communication abblockte.

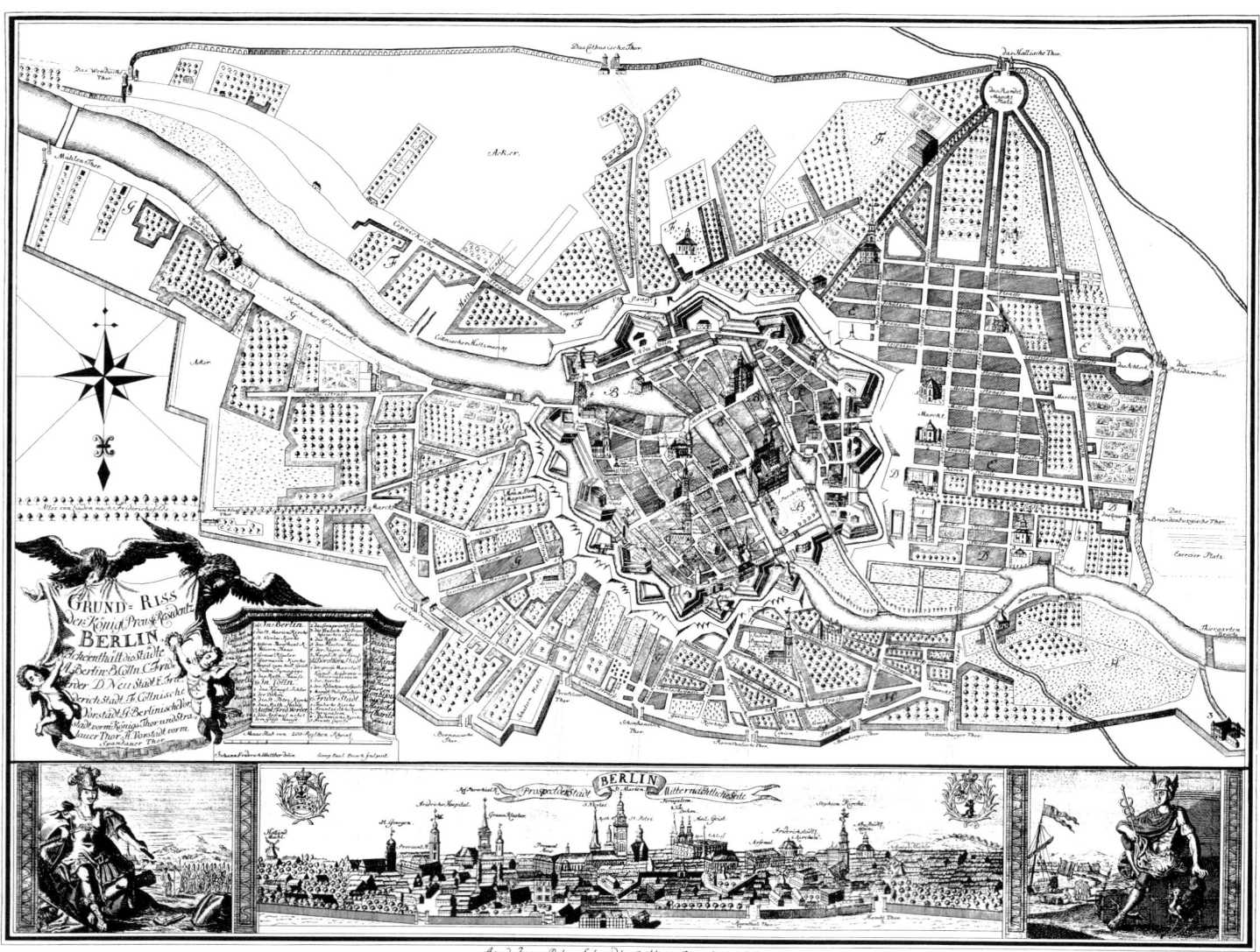

Grundriß der Königlich Preußischen Residenzstadt Berlin, 1737, gezeichnet von Johann Friedrich Walther, gestochen von Georg Paul Busch (der Plan ist gesüdet)

### Das Palais Vernezobre

Das einzige Palais an der südlichen Wilhelmstraße verdankt seine Entstehung in ganz besonderer Weise der Baulust des Königs, kaufte doch der von ihm geadelte Baron Vernezobre damit seine Tochter von den Heiratsabsichten des Kapitäns von Forcade frei, die zunächst von Friedrich Wilhelm I. nachdrücklich unterstützt wurden.

Die Angelegenheit war schon weit vorangeschritten, aber weder die Tochter noch der König waren zum Einlenken bereit, da wurde dem Baron von dem Flügeladjutanten von Derschau diese List vorgeschlagen. Und wirklich, auf das Versprechen eines prächtigen Neubaus zog der König seine Unterstützung zurück und verhalf damit der Tochter zu dem von ihr gewünschten Ehemann und Berlin zu einem der großartigsten Palais.

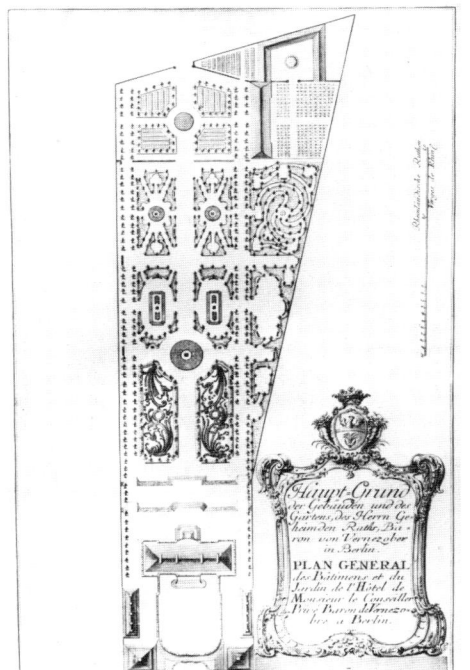
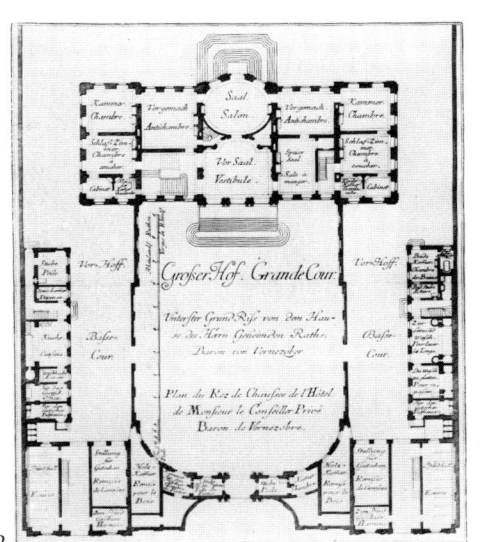
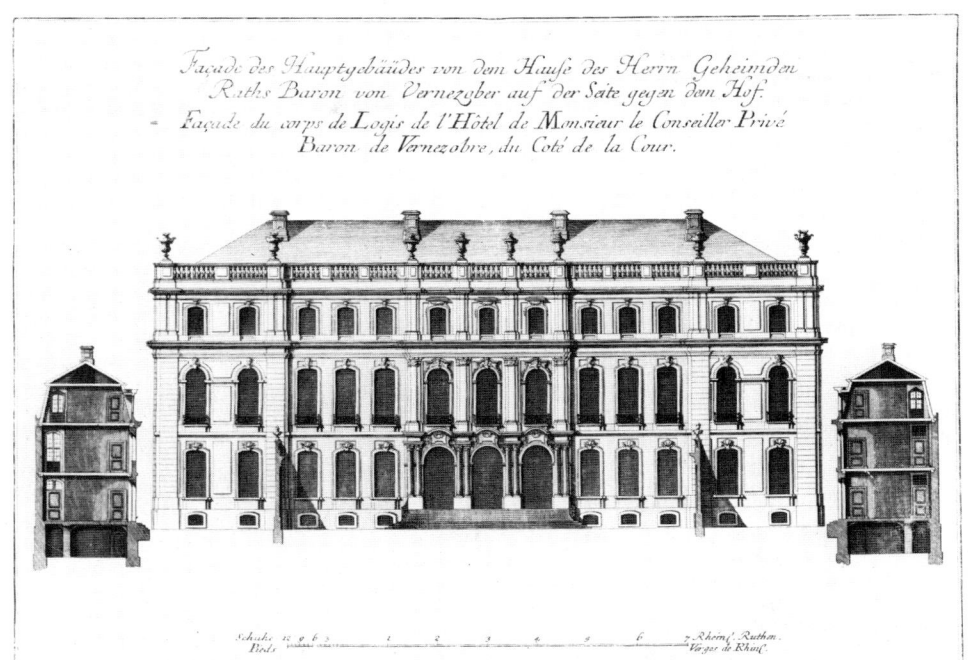
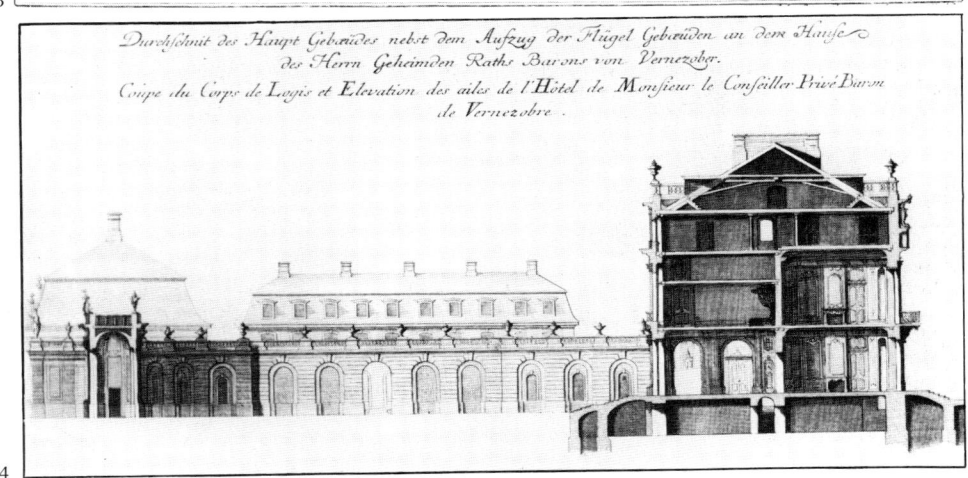
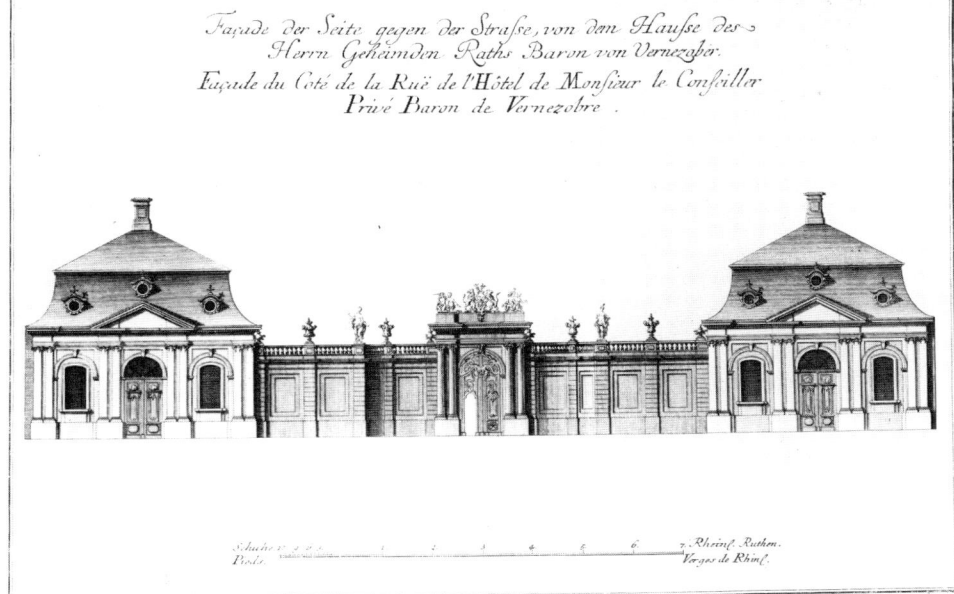

J. G. Merz / J. G. Böck, Palais Vernezobre, um 1740
1) Gartenplan
2) Grundriß des Erdgeschosses
3) Ansicht der Fassade
4) Schnitt durch den Ehrenhof
5) Ansicht der Straßenfassade

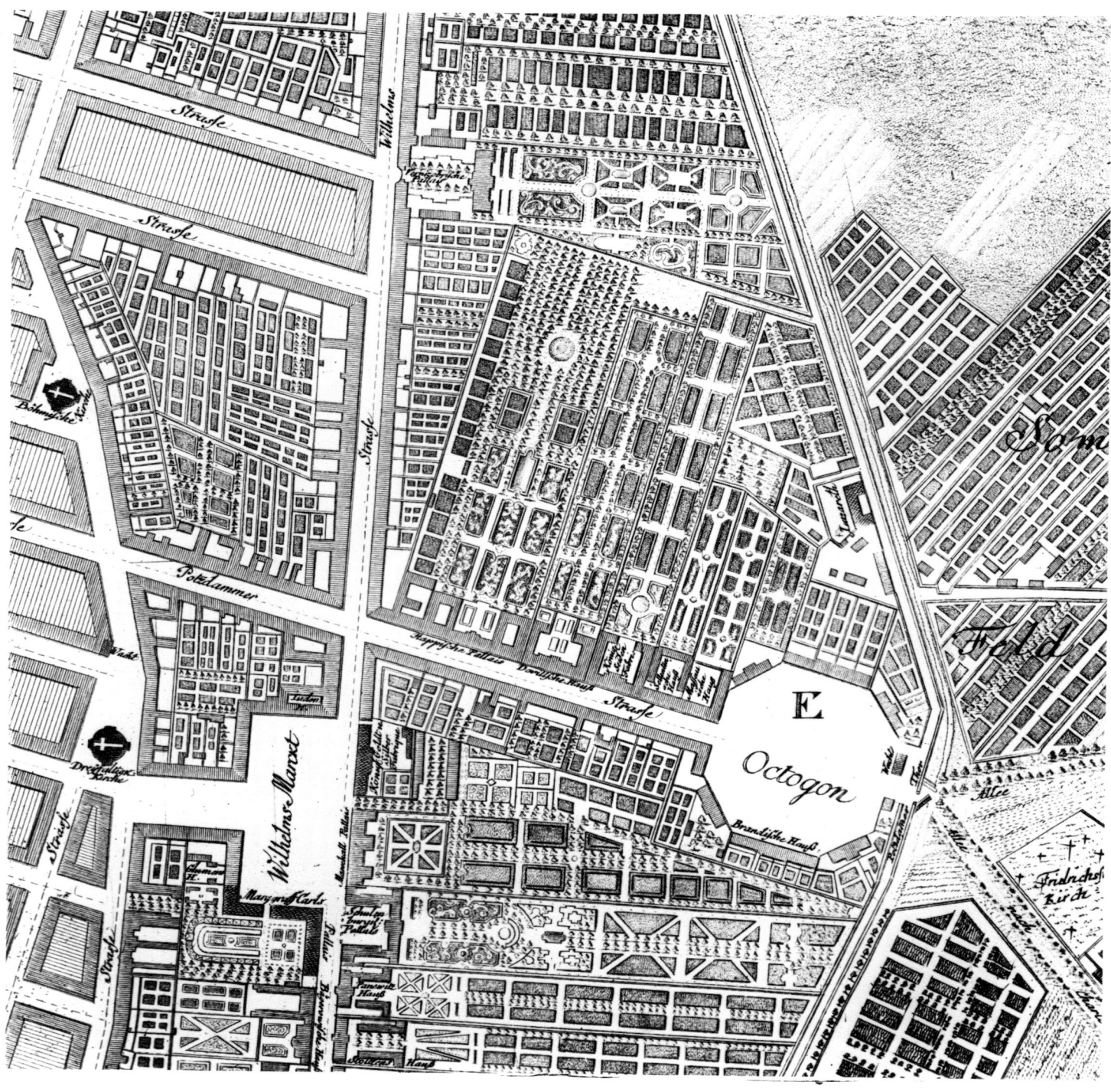

Ausschnitt aus: Plan de la Ville de Berlin, gezeichnet unter Leitung von Schmettau, gestochen unter Leitung von Georg Friedrich Schmidt (der Plan ist gesüdet)

Wilhelmstraße 96—98, in der Mitte das Wohnhaus des Schriftstellers Willibald Alexis, die Häusergruppe wurde 1878 abgerissen

### Der Ausbau der Friedrichstadt

Im Jahr 1748 erschien der von Schmettau gezeichnete Plan von Berlin, es war der erste, dem genaue Aufmaße vorangegangen waren. Deutlich ist die schlechte Grundstücksaufteilung südlich (auf der Karte oberhalb) der Leipziger Straße zu erkennen. Der Park des Palais Vernezobre nimmt gerade den Raum ein, der für eine Ost-West-Verbindung gedacht war, wie an den südlichen Grenzen der Grundstücke an der Leipziger Straße deutlich abzulesen ist.

An der Wilhelmstraße kam südlich des Parks die vorbildliche, von Gerlach propagierte Wohnform — Wohnhaus, Hof, Stall, Garten — zur Anwendung, deutlich ist sie in einigen Fällen auf dem Plan zu erkennen. Da es an geeigneten Blickpunkten fehlte und wegen der einheitlichen Bebauung erschien die Gegend wohl nicht darstellenswert, so existieren kaum Aufnahmen der alten, ursprünglichen Häuser.

Das Wohnhaus, in dem Willibald Alexis seit 1838 für etwa zwanzig Jahre lebte, gibt wenigstens einen kleinen Eindruck von der Bescheidenheit dieser Architektur. Die dargestellte Häusergruppe wurde 1878 für den geplanten Durchbruch der Zimmerstraße abgerissen.

In wenigen Jahren hatte der König tatsächlich sein Hauptziel, die Bebauung aller innerhalb der alten Stadtbefestigungen befindlichen wüsten Stellen und der von ihm geschaffenen Vorstadt erreicht. Für den nördlich der Leipziger Straße gelegenen Teil gibt uns ein Chronist folgende Beschreibung: „Die von Sr. Königl. Maj. Friedrich Wilhelm Hochsel. ged. verhängte Erweiterung der Friedrichstat hat auch dieses gute mit sich gebracht, daß Berlin wie mit Häusern und Pallästen, also auch mit den vortrefflichsten Gartens vermehret worden, welche ausser den Obst- und Küchengewächsen mit den auserlesensten Orangerien prangen."

Diese positive Sicht ist sicher auch für den besonders begünstigten Teil übertrieben, hatte doch auch dort die Zwangswirtschaft die Bedürfnisse und Möglichkeiten der Bewohner vernachlässigt. Die Hauptsache war, daß gebaut wurde. Das Überangebot von Häusern aller Größen und von Wohnungen führte zu einem ungeheuren Preisverfall auch der älteren Gebäude im alten Stadtgebiet. Die künstliche Konjunktur begünstigte die Bauspekulation. Ein neuer Wirtschaftszweig wurde damit geschaffen, der sich auch weiterhin negativ auf die Entwicklung des Viertels auswirken sollte. Nirgendwo in der Stadt wechselten die Häuser so schnell ihre Besitzer, wurden Bauwerke weit unter Wert auf Versteigerungen losgeschlagen. Das Gelände der südlichen Friedrichstadt war nicht einmal günstig gelegen, das Niveau lag tiefer und der Baugrund war von Gräben durchzogen. „Der südliche Theil der Friedrichstadt ist durch beträchtliche Aufhöhung erst 1842 gegen die Überfluthung geschützt worden, von denen er bei Hochwasser oft, namentlich 1830, heimgesucht wurde." Diese Feststellung überrascht insofern, als bereits seit dem Beginn der Erweiterung die Grundstücke durch Aufschüttungen angehoben wurden, so hatte der König angeordnet, daß „Koth und Erde, so sie von denen Strassen wegführen, nirgends anders, als in die Höfe und Gärten seines (des Barons Vernezobre) neu erbauten Hauses in der Wilhelms Straße hinbringen."

Bau-TAXA,
oder
Benennung
sämtlicher Bau-Stücke,
welche bey einem Haus-Bau vorkommen,
mit denen
dabey gesetzten Preißen,
Wornach die
zum Bau gehörige Handwercks-Leute in der Churmarck,
und dazu incorporirten Creyßern,
vornehmlich aber
zu Berlin und Potsdam
künfftighin bezahlet werden sollen.
Welche
vom Bau-Departement der Churmärckisch. Krieges-
und Domainen-Cammer entworffen,
und auf
Sr. Königl. Majest. in Preußen
Allergnädigsten Special-Befehl,
zur Nachricht vor diejenigen, welche Häuser zu bauen willens sind,
zum Druck befördert worden.

Berlin,
Gedruckt bey Christian Albrecht Gäbert, Königl. Preuß. Hof-Buchdrucker.

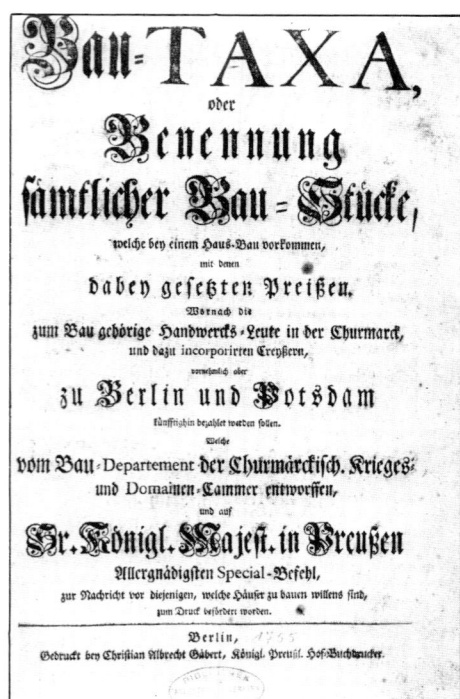

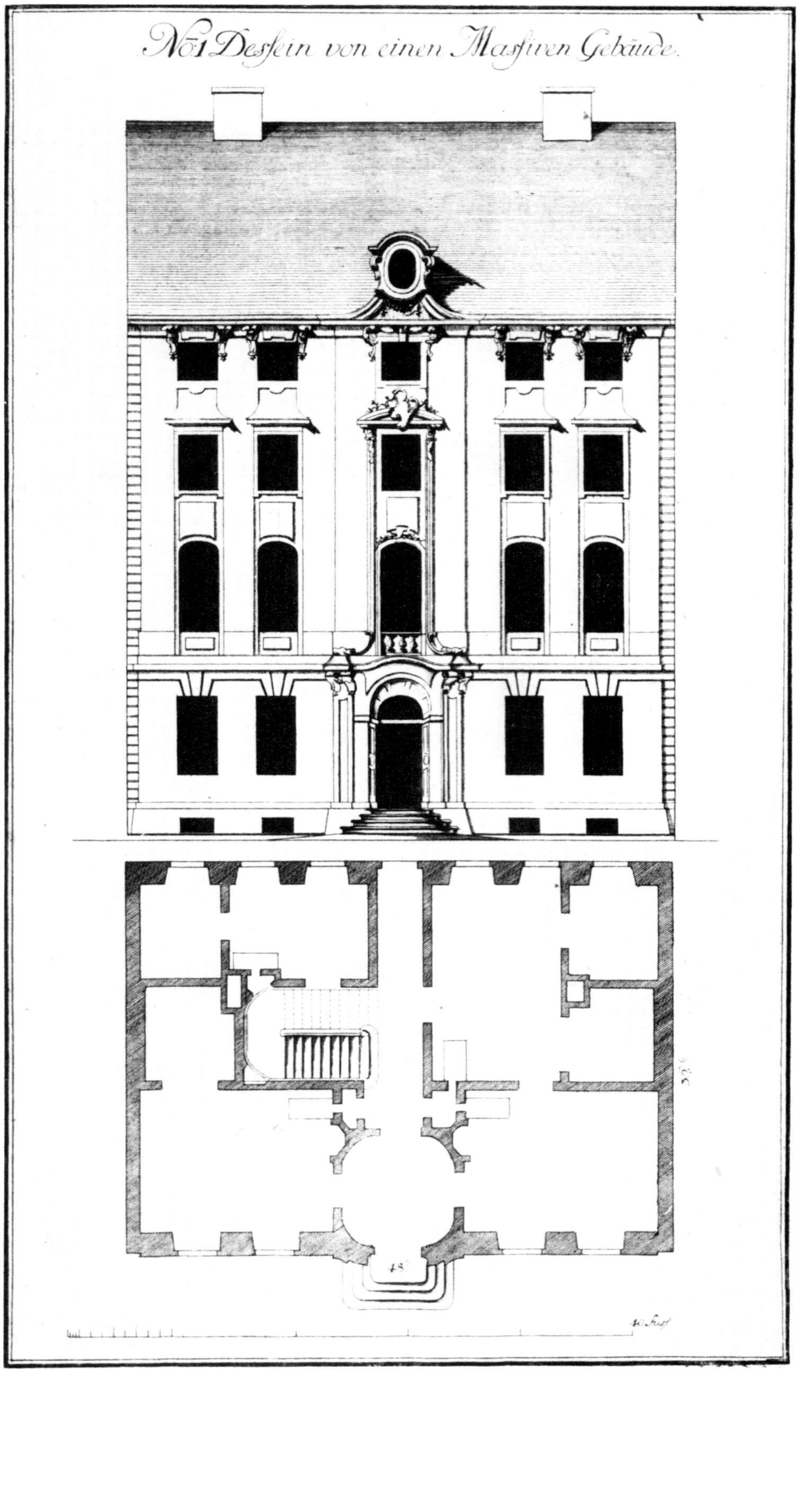


## Bauen um jeden Preis?

Bei dieser heftigen, vom König angeheizten Betriebsamkeit des Bauwesens waren die Handwerker sehr gesuchte Leute. Die Gebäude sollten in möglichst kurzer Frist aufgeführt werden, außerdem bekam der Bauherr das Material gestellt, so nutzten sie ihre Chance, trieben die Preise in die Höhe und widerstrebten damit des Königs Plänen. In dessen Auftrag wurde deshalb das tabellarische Verzeichnis „Bau-Taxa" aller bei einem Gebäude notwendigen Arbeiten mit den dafür zu zahlenden Preisen erstellt und veröffentlicht. Ob damit allerdings die Kostenentwicklung nachhaltig kontrolliert werden konnte? Der königliche Wunsch zu bedeutender architektonischer Gestaltung wurde unter dem Nachfolger, Friedrich II., mit den Immediatbauten sogar noch stärker gefördert.

aus: Bau-Taxa oder Benennung sämtlicher
Baustücke, welche bei einem
Hausbau vorkommen, mit
denen dabei gesetzten Preisen..., Berlin 1755
1) Titelseite
2) Entwurf für ein massives Gebäude
3) Entwurf für ein hölzernes Gebäude
4) Einleitung

143) Die **Leipzigerstraße**, geht vom Dön=
hoffschen Plaße bis an das Achteck, und durchschnei=
det die Friedrichsstadt queer in der Mitte *). Sie ist
eine der prächtigsten Straßen, und bis an das Achteck
270 rheinl. Ruthen lang. Sie ist voll ansehnlicher Häu=
ser und Palläste. Der jeßtregierende König hat, 1773
bis 1777, 46 neue Häuser, nach Ungers Zeichnun=
gen, erbauen lassen, deren einige, wie z. B. die Eckhäu=
ser an der Jerusalemsstraße, vier Geschoße, die übrigen
aber drey Geschoße haben. Ohnweit des Potsdammer=
thors, linker Hand, sind zu bemerken:

Das von **Löbensche Haus**, worinn das Haupfrit=
terschaftskreditkollegium seine Seßion und Kasse hat.

Der **Gräflich Reußische Pallast**. Der Staatsmi=
nister von Happe ließ ihn 1737 bauen. Die erste Zeich=
nung machte Stolze, und ließ auch den Grund und das
Kellergeschoß darnach aufmauern. Darauf ward eine
neue Zeichnung von Dietrichs gemacht, und der Rest die=
ses Pallasts unter seiner Aufsicht aufgeführt. Er mußte
sich zwar in etwas an die erste Anlage binden; aber die=
ses Gebäude gehört dennoch zu den schönsten in Berlin.
Nach seiner Angabe ist auch der sehr schöne Garten an=
gelegt.

ggg) Die **Königl. Porzellanfabrik**. Der Kauf=
mann J. E. Gottkowsky errichtete sie 1759 in diesem
Hause, 1763 übernahm sie der König. In dem Vorder=
hause ist die Niederlage des Porzellans. Im Hinter=
und Seitengebäude sind die Oefen zum Brennen, und
die Säle, wo das Porzellan gedreht, geformt und ge=
malt wird. Auf beiden Seiten der Fabrik wurden 1783
zwey Flügel von Unger angebaut, worinn zwey große
Säle sind, für die Vorräthe von Porzellan. Auf einem
Plaße hinter der Porzellanfabrik, ist:

Das **Exerzierhaus** für das Herzog Friedrichsche und
das Möllendorfsche Regiment.

Neben derselben ist das Freyherrl. von **Recksche Haus**,
hinter welchem ein schöner Garten ist.

Unter den neu gebauten Häusern sind besonders zu
bemerken:

Das **Bärsche große Haus**, disseits der Markgrafen=
straße, linker Hand. Es gehört zu den schönsten Privat=
häusern in Berlin.

Das **Oeselsche Haus**, zwischen der Markgrafen=
und Charlottenstraße, rechter Hand. Hat besonders ei=
ne schöne Treppe.

Das **Sommersche Haus**, zwischen der Charlotten=
und Friedrichsstraße.

Das **Haus der Städtekasse**, an der Ecke der Mauer=
straße linker Hand.

*) Der Theil derselben jenseit der Mauerstraße, welchen K. Frie=
drich Wilhelm 1734 hinzubauen ließ, wurde damals die Pots=
dammerstraße benannt. Diese Benennung ist aber nicht allge=
mein geworden.

### Friedrich Nicolai: Berlin 1786

„Die Topographie und Geschichte seiner Vaterstadt und ihrer Umgebung zog ihn in immer stärkerem Maße an. Seine in sechs Jahren mit Hilfe mehrerer Mitarbeiter vollendete „Beschreibung der königlichen Residenzstädte Berlin und Potsdam" (1769) schwoll in der zweiten Auflage (1779) zu zwei, in der dritten (1786) zu drei Bänden an. Halb Reisehandbuch, halb Adreßkalender, brachte das Werk ausführliche Mittheilungen von allem, was man über die beiden Städte zu wissen brauchte, von ihrer Geschichte, ihren Straßen, Plätzen und Gebäuden, ihren Einwohnern, den staatlichen Anstalten und Stiftungen, den Religionsparteien, Gelehrten, Künstlern, Handwerkern und Handeltreibenden daselbst, von den ankommenden und abgehenden Posten, von der Taxe für Miethskutschen und Wirthshäuser."

aus: Friedrich Nicolai, in: Allgemeine Deutsche Biographie, 23. Band, Leipzig 1886

1) Leopold Zielke, Blick in die Leipziger Straße in Richtung auf den Leipziger Platz, 1835
2) Blick über den Leipziger Platz in die Leipziger Straße, um 1825

244) Das **Achteck**. Ein achteckiger Plaß, 44
rheinl. Ruthen lang und breit, am Ende der Leipziger=
straße, mit ansehnlichen Häusern besetzt.

aus: Friedrich Nicolai, Beschreibung der königlichen Residenzstädte Berlin und Potsdam ..., Berlin 1786

1) Johann Boumann d. Ä. (?), Aufriß zur Königlichen Porzellanmanufaktur in der Leipziger Straße, um 1764
2) Innenansicht der Porzellanmanufaktur. Das Schlemmen der Kreide
3) Bei der Herstellung von Porzellanblumen in der Manufaktur

## 9) Die Königl. Porzellanfabrik.

Der Kaufmann Wilhelm Kaspar Wegely fing 1751 zuerst an, ächtes Porzellan zu machen. Er bauete deshalb in der neuen Friedrichsstraße neben der Königsbrücke ein großes Haus, und ließ darin vieles, und was die Masse betrifft, ziemlich gutes Porzellan machen. Doch muß er seine Rechnung nicht dabey gefunden haben, indem er das ganze Werk wieder aufgab, und das ansehnliche Waarenlager durch öffentliche Versteigerung verkaufen ließ. Im Jahre 1760 trat der hiesige Kaufmann, Johann Ernst Gotzkowsky, an desselben Stelle, nachdem ihm das Geheimnis ächtes Porzellan zu machen von Ernst Heinrich Reichardt gegen eine bestimmte Summe Geldes war geoffenbaret worden. Er machte in dem in der Leipzigerstraße belegenen von den Dorvilleschen Erben erkauften Hause die Einrichtung dazu, stand aber im Jahr 1763 schon wieder davon ab. Das angefangene Werk ward für Königl. Rechnung übernommen und dem Gotzkowsky die Summe von 225,000 Rthlr. dafür bezahlet. Der König ließ nicht nur die Gebäude der Fabrik erweitern und ansehnlich vermehren, sondern auch alles zu derselben größern Vollkommenheit erforderliche veranstalten. Er verordnete zu derselben einen eigenen Direktor (jetzt Hr. Geheimerrath Grieninger); einen Inspektor, und bestätigte die Arkanisten, welche zu beständiger Verbesserung der Masse, der Farben u. s. w. bestimmt sind, nebst den Vorgesetzten sämmtlicher Arbeiter, deren Anzahl 500 beträgt.

Der Direktor stehet unmittelbar unter dem Könige, und muß beim Schluß eines jeden Monates seinen Bericht von dem Fortgange und Betriebe des Werkes nebst dem summarischen Kassenextrakt an den König selbst einreichen, worauf er jedesmal den nächstkommenden Tag beschieden wird. Die Handlungskommission der Porzellanfabrik, besteht aus dem Direktor und dem Inspektor (jetzt Hrn. Kammerrath Klüfel). Die Porzellanfabrik hat ihre eigene Gerichtsbarkeit, welche durch den Direktor und einen eigenen Gerichtshalter verwaltet wird.

Der König kommt fast niemals nach Berlin, ohne seine Porzellanfabrik und derselben Produkte in Augenschein zu nehmen. Er machet auch öfters selbst Bestellungen nach eigener Angabe, und wenn solche, gut ausgeführet, an Ihn abgeliefert werden, bezeuget er darüber sein besonderes Wohlgefallen. Hierdurch aufgemuntert, bestreben sich alle, die dabey beschäftiget sind, mit größtem Eifer, das Werk je länger je vollkommener zu machen. Und dieß ist auch bereits itzt schon in so weit geschehen, daß Kenner dem dermaligen Berliner Porzellane wegen seiner Masse, Farben und Malerey den Vorzug vor allen anderen Porzellanen geben.

Das Hauptwaarenlager ist im Vorderhause, wo man alle vorräthige Porzellane in Augenschein nehmen, auch von allen Sorten Porzellan kaufen oder Bestellungen davon machen kann. Ausser diesem Hauptwaarenlager sind zu Warschau, zu Danzig, zu Hamburg, zu Königsberg in Preußen, zu Breßlau, zu Stettin, und zu Magdeburg Niederlagen und Faktoreyen von Berliner Porzellanen, um derselben Ankauf den auswärtigen Liebhabern desto bequemer zu machen. Wobey anzumerken ist: daß obgleich diesen Niederlagen und Faktoreyen gewisse Provinzen und Gegenden einzig und allein zum Porzellanverkauf durch Kontrakt zugestanden worden, und kein anderer darin mit Porzellan handeln darf, es doch einem jeden Partikulier ganz frey gestellet bleibet, sich an das Hauptwaarenlager zu Berlin selbst zu wenden, und zu seinem eigenen Gebrauch von demselben kommen zu lassen, was er will. Von den Preisen der Porzellane in allen Gattungen kann man auf dem Hauptwaarenlager der Fabrik ein Verzeichniß erhalten.

aus: Friedrich Nicolai, Beschreibung der königlichen Residenzstädte Berlin und Potsdam..., Berlin 1786

251) Die Wilhelmstraße ist die äusserste Straße am westlichen Ende der Friedrichsstadt. Sie geht vom Rondeele bis nach den Linden :der Neustadt, und ist 530 rheinl. Ruthen lang. Vom Thore bis zur Koch=straße sind die Häuser von gleicher Höhe, zwey Geschoß hoch, und werden meistens von Zeugmachern und andern Manufakturisten bewohnt. Jenseit des Wilhelmsplatzes aber sind lauter prächtige Palläste. In dieser Straße sind anzumerken:

nnn) Das Schindlersche Waisenhaus, ohnweit dem Rondeele, rechter Hand. Es ward 1734 vom Geheimenrathe Schindler zu Schöneiche bey Berlin gestiftet, und nachher hieher verlegt. Es werden darinn 22 Waisenknaben unterhalten.

Das Pfarr= und Schulhaus für die Böhmische Gemeine.

Weiter herunter rechter Hand:

ooo) Der Pallast *) der Prinzeßinn Amalia, Aebtißinn zu Quedlinburg, Schwester des Königs. Er stößt gerade auf die Kochstraße. Der Baron von Vernezobre, welcher bey Gelegenheit des Lawschen Aktienhandels, sich aus Frankreich nach Brandenburg begab, ließ diesen Pallast 1735, nach einer aus Frankreich verschriebenen Zeichnung bauen. Hinter demselben ist ein weitläufiger Garten, welcher von Ihre K. H. neu, nach englischer Art, angelegt worden.

*) Der Aufriß der Hauptansicht steht in Schleuens Prospekt Nr. 67.

aus: Friedrich Nicolai, Beschreibung der königlichen Residenzstädte Berlin und Potsdam . . . , Berlin 1786

1) Palais Ihrer Königlichen Hoheit der Prinzessin Amalie in der Wilhelmstraße, das ehemalige Palais Vernezobre, um 1750
2) Tiergarten und Friedrichstadt, Plan von Berlin, Sektion E VI, gezeichnet von Dannhauer, um 1830

## Friedrich Gilly: Ein Denkmal für Friedrich II. auf dem Achteck

Zehn Jahre nach dem Tod des Königs, er selbst hatte die Errichtung eines Denkmals abgelehnt, wurde von der Akademie in Berlin nach der Aufforderung durch Friedrich Wilhelm II. eine Konkurrenz ausgeschrieben, zu der sechs Entwürfe eingereicht und 1797 in der Akademie öffentlich ausgestellt wurden.
Der Tod des Königs machte den Plänen ein Ende, erst 1851 wurde ein von Christian Daniel Rauch geschaffenes Reiterdenkmal, das kürzlich an alter Stelle wiedererrichtet wurde, dem Andenken Friedrichs des Großen geweiht.
Die Bedeutung von Gillys Entwurf läßt sich vielleicht auch mit der Überlieferung unter Beweis stellen, die davon spricht, daß Karl Friedrich Schinkel, der die Entwürfe in der Akademie gesehen hatte, spontan beschloß, ebenfalls Baumeister zu werden und sich sofort um einen Ausbildungsplatz in der Familie Gilly bemühte. Neben enger persönlicher Freundschaft erhielt er dort eine solide Grundlage für seine eigene spätere Tätigkeit.
Abweichend von den Forderungen des Wettbewerbs verlegte Friedrich Gilly das Denkmal auf das Achteck und begründete in einer Erläuterung ausführlich die Auswahl gerade dieses Platzes:
„Man glaubt denselben innerhalb der Ringmauern der Stadt nirgends besser gefunden zu haben als in dem Achteck am Potsdamer Tor, worin sich eine der längsten und schönsten Straßen der Stadt endigt, und welches dem durch das Haupttor eintretenden Fremden, von einer der frequentesten und bequemsten angelegten Heerstraßen zwischen den beiden Residenzen, den imposantesten und vorteilhaftesten Eindruck von der Schönheit der Hauptstadt gewährt. Aber auch außerdem vereinigt dieser Platz alle übrigen Vorteile in sich, die ein solcher notwendig darbieten muß und die schwerlich irgend ein andrer darbieten möchte:
Er ist nicht abgelegen und wird von den Einwohnern und Reisenden häufig besucht;
Er gehört zum schönsten Teile der Stadt und zwar zunächst zu demjenigen, der seine gegenwärtige Zierde dem verewigten Könige verdankt;
Er ist von einem solchen Umfange, welcher dem projektierten Werke den nötigen Raum darbietet;
Er würde im Falle der Ausführung des Werkes auf demselben durch zweckmäßige Verschönerung der ihn einschließenden Wohnhäuser, durch Bepflanzung mit Bäumen und dadurch beförderten angenehmen Spaziergang teils noch mehr Leute zu sich hinziehen, teils aber dadurch wegen seines nahen Zusammenhanges mit dem Tiergarten einen desto angenehmeren und bequemeren Weg liefern;
Wenn er gleich an sich frequent ist, und die eben bemerkte Verschönerung noch mehr an Frequenz gewinnen würde, so ist er doch auch wiederum von dem Getümmel der Geschäfte entfernt, wodurch es nicht fehlen könnte, daß zuweilen die Sphäre eines solchen Heiligtumes durch profane und skandalöse Auftritte gleichsam entweiht würde;
Auf ihm würde das Monument in seiner ganzen Größe schon deshalb am besten erscheinen, weil kein einziges an demselben vorhandenes Gebäude durch eine ungewöhnliche Größe und Höhe prädominiert, wodurch die notwendig zu bezielende außerordentliche Wirkung des Monuments geschwächt werden könnte. Dies würde aber leicht zum großen Nachteil des Werks auf allen übrigen Plätzen der Stadt der Fall sein.
Durch diesen Platz in der nahen Verbindung des Tores mit dem gerade nach Potsdam von hier aus führenden gebahnten Wege kann dem Betrachter des Denkmals auf keine Weise der Gedanke an Potsdam als an den zweiten Aufenthaltsort des verewigten Königs entgehen, von dem so viel Segen über den preußischen Staat durch Friedrichs Hand ausgegossen war."

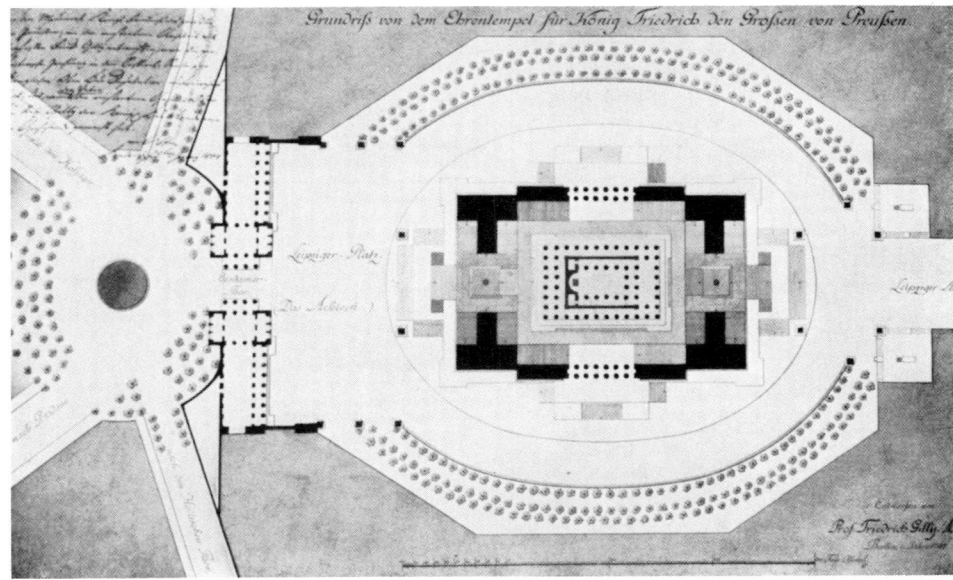

Friedrich Gilly, Ansicht und Grundriß zum Friedrichsdenkmal auf dem Achteck, 1797

1800—1870

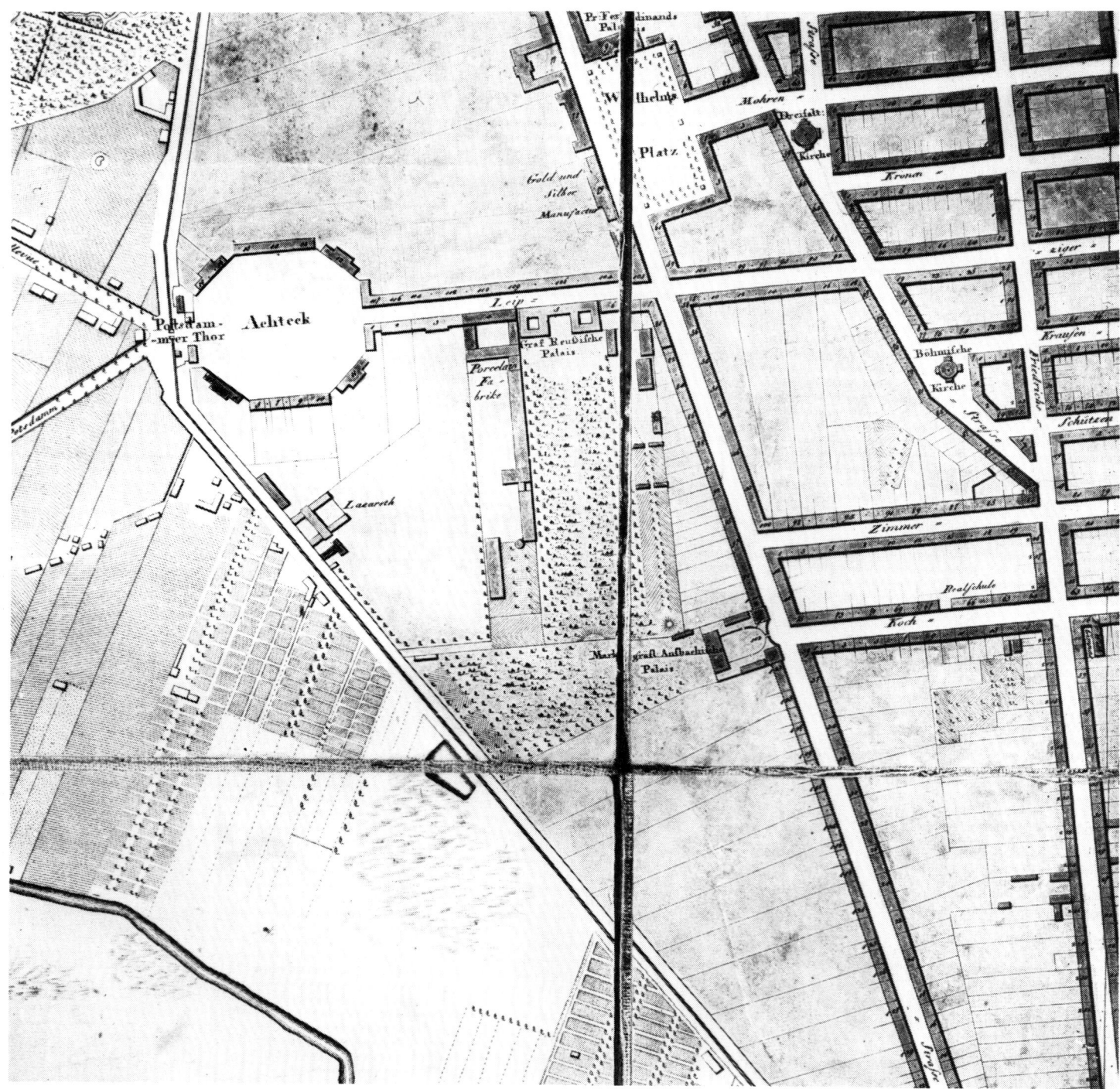

Ausschnitt aus: Grundriß von Berlin, 1804, aufgenommen und gezeichnet von Jean Chrétien Selter

**Die Überwindung der Stadtgrenze**

Trotz des so bedeutend vorangetriebenen Baugeschehens in dem am westlichen Rand der Stadt gelegenen Viertel, zeigt die Karte von 1804 noch sehr viel Grünflächen, nur an den Hauptstraßen begrenzt durch eine geschlossene Bebauung. Zwei Palais ragen mit ihren bedeutenden Parkanlagen von der Leipziger Straße und von der Wilhelmstraße in das Gelände. Während ein Grundstück schon fabrikmäßig genutzt wird, scheinen die anderen als normale Hausgärten verwendet worden zu sein. An der Communication, der Verbindung zwischen Halleschem und Potsdamer Tor, hat noch keine Ansiedlung stattgefunden. Neben unbezeichneten Gebäuden befindet sich dort nur ein Lazarett, dessen Aussehen nicht ermittelt werden konnte.

Sechzig Jahre später hat sich die Situation sehr verändert, wenn das Gebiet

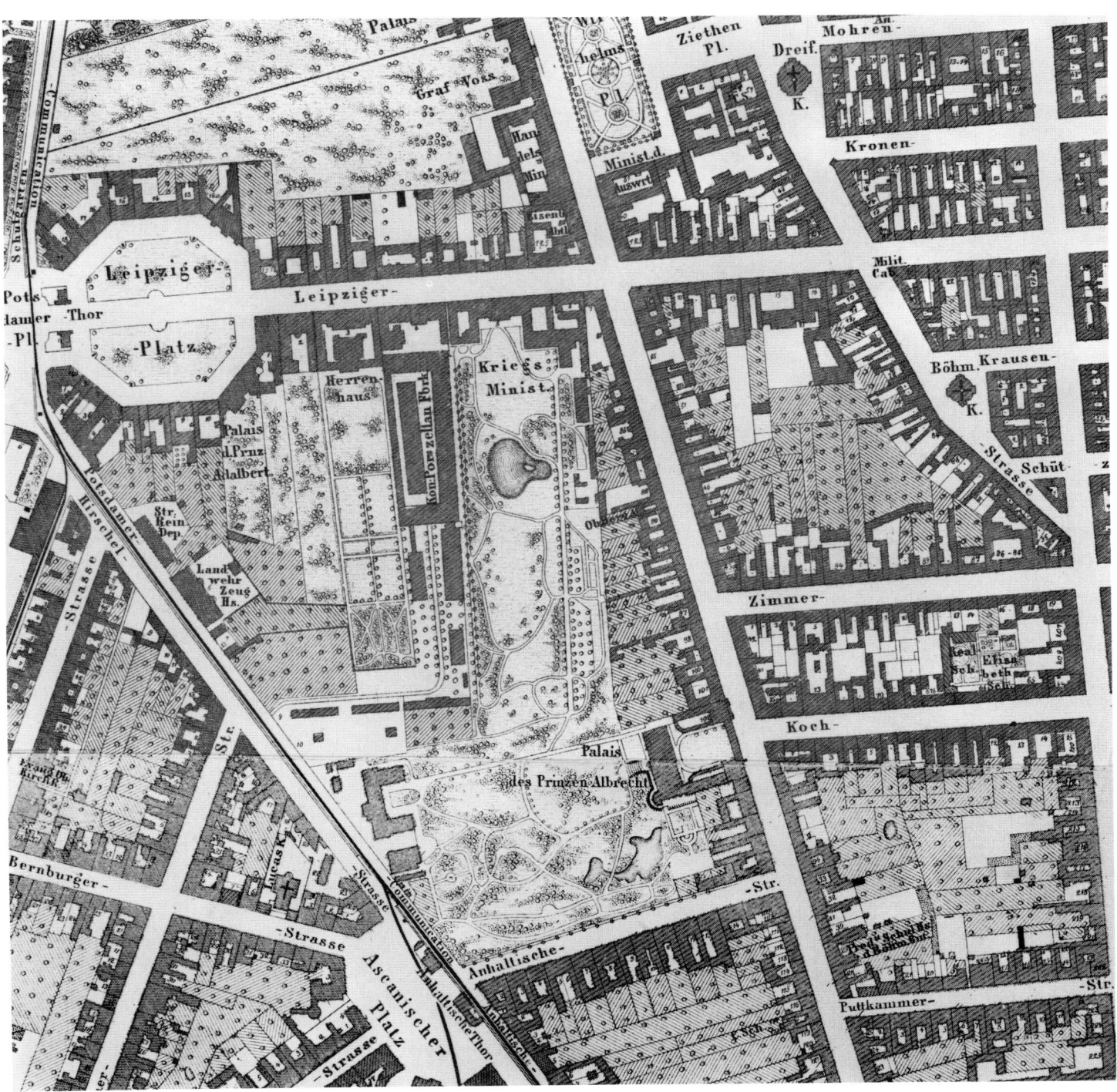

Ausschnitt aus: Situationsplan von der Haupt- und Residenzstadt Berlin, 1867, bearbeitet von Wilhelm Liebenow

auch noch immer wesentlich von den beiden Parks bestimmt wird. Zunächst fällt natürlich auf, daß das Viertel nun nicht mehr weit draußen, sondern in der Mitte der Stadt gelegen ist. Die bedeutendsten Bahnhöfe Berlins machen es zu einem Verkehrsknotenpunkt. Die Anlage der Anhaltischen Straße grenzt das hier behandelte Gebiet deutlich nach Süden ab. Fast auf allen Grundstücken ist eine stärkere Inanspruchnahme des Gartens durch eine Hof- oder Randbebauung festzustellen. Vom Potsdamer Platz her wird nun auch die Communication stärker berücksichtigt. Sie wäre sicher dichter bebaut, würden nicht dort die Gartenseiten der genannten Palais eine intensivere Nutzung verhindern; so werden an dieser rückwärtigen Grenze nur einige Wirtschaftsgebäude zu privater Nutzung errichtet. Aufschluß über die Entwicklung geben auch die Namen einiger neuer Nutzer: Preußisches Herrenhaus, Kriegsministerium, Oberbergamt, Straßenreinigungsdepot und Landwehr-Zeughaus. Sie machen das Eindringen staatlicher bzw. öffentlicher Einrichtungen deutlich, werden doch hier neben exquisiter Wohnlage (eigene parkartige Gärten, Nähe des Tiergartens) gute Verkehrsverbindungen und Ausdehnungsmöglichkeiten für die Büros geboten.

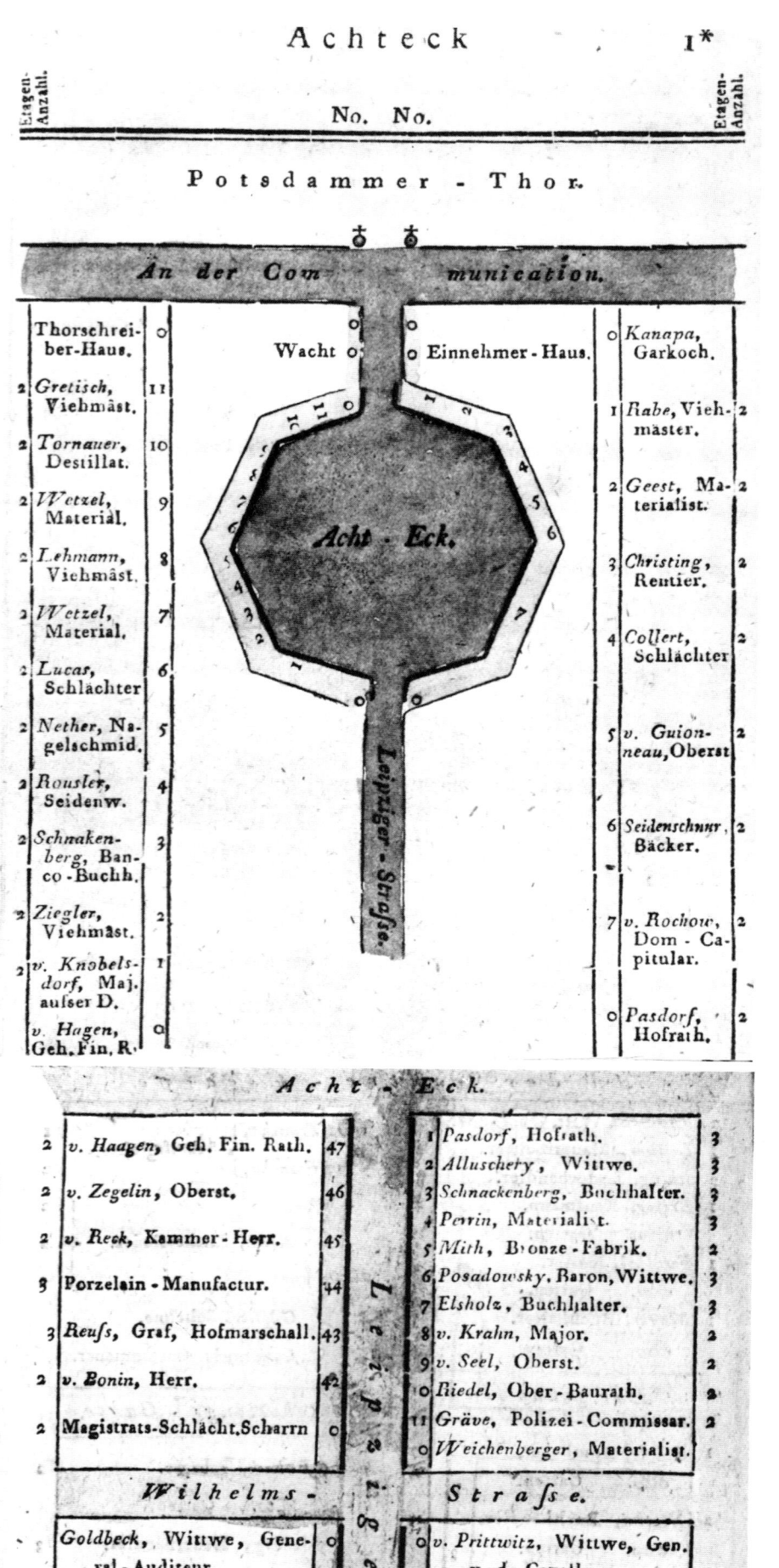

aus: Neander (= Karl von Petersheiden), Anschauliche Tabellen von der gesamten Residenzstadt Berlin, Berlin 1799

## Neander: Berlin 1799

Vorerinnerung

... finde ich es für nöthig, zu mehrerer Verständigung meiner Darstellungen, dem geehrten Publikum einige Erklärungen derselben mitzutheilen.

1) So viel es mir nur möglich war, habe ich die Plätze, Gassen und besonderen Räume, der Residenz Berlin, in denen ihnen eigenen geometrischen Figuren, jedoch ohne Angabe eines Maaßstaabes, typographisch abbilden lassen. Um selbige in der Tabelle leicht aufzufinden, sind sie nach ihren Benennungen alphabetisch geordnet, und weil die zu suchende Gegenden oder Strassen, jederzeit der Länge nach zu sehen sind, so findet man auf jeder Seite dieses Werkes, oberhalb, um des leichteren Aufsuchens wegen, solche halb vorgedruckt.

2) Da die Häuser in Berlin bis jetzt mit keiner bestimmten Nummer versehen sind, und ich den Streit über die beste Art, wie solches geschehen könnte, nicht abwarten mochte, so habe ich in meinen Tabellen jede Straße, und in derselben jede Seite derselben, besonders nach den darin befindlichen Gebäuden numeriret; und dienet dieses Verfahren besonders dazu, um jedes aufzusuchende Haus genauer abzuzählen, und alsdann auch bequemer zu finden. Zugleich kann man schnell übersehen, wie viel Häuser in jeder Straße, und wie viel auf jeder deren Seiten stehen.

3) Weil alle Eck-Häuser in den Tabellen zwei Mahl vorkommen müssen, und dieser Umstand Irrungen veranlassen möchte; so sind solche in denen Straßen, zu welchen sie ihrer Fronte nach eigentlich gehören, mit ihrer Zahl, in der andern aber, worauf die Nebenseiten derselben bloß stoßen, mit einer 0 angedeutet worden...

Ich wiederhole noch einmal, daß mir nichts mehr Vergnügen erwecken wird, als in der künftigen Tabelle recht viel Verbesserungen anbringen zu können; wozu ich mir freundschaftliche und gutgemeinte Beiträge erbitte, die ich mit größter Dankbarkeit annehmen und bestens anwenden will.

Berlin, den 15ten März 1799.

Neander 2te.

aus: Neander (= Karl von Petersheiden), Anschauliche Tabellen von der gesamten Residenzstadt Berlin, Berlin 1799

| | | | | | |
|---|---|---|---|---|---|
| 2 | Böhmisches Schulhaus. | 28 | 45 | Marquardt, Branntweinbrn. Wittwe. | 2 |
| 2 | Israel, Kattunfabrikant. | 29 | 4 | Stolle, Wittwe. | 2 |
| 2 | Demler, Viktualienhändler. | 30 | 43 | Nicola, Gärtner. | 3 |
| 2 | Kirchhoff, dito. | 31 | 42 | Grafs, Tischler. | 3 |
| 2 | Drewitz, Bäcker. | 32 | 41 | Leiter, Seidenwirker. | 3 |
| 2 | Noack, Schlächter. | 33 | 40 | Rudolph, Wittwe. | 2 |
| 3 | Briefs, Seidenwirker. | 34 | 39 | Liephan, dito. | 2 |
| 2 | Joram, Wittwe. | 35 | 38 | Nicola, Gärtner. | 3 |
| 2 | Sachs, dito. | 36 | 37 | Schultze, Viehmäster. | 2 |
| 4 | Göricke, Garnweber. | 37 | 36 | Nicola, Gürtler. | 2 |
| 3 | Hintze, Materialist. | 38 | 35 | Tuchnitz, Viktualienhndlr. | 2 |
| | *Koch-Strafse.* | | 34 | Grund, } Brauer. | 2 |
| | | | 33 | Grund, } | 2 |
| 2 | Dipner, Brauer. | 39 | 32 | Anspach-Baireuth. Markgräfl. Palais. | 3 |
| 2 | Georgi, Commissionsrath. | 40 | 31 | v. Robert, Rentier. | 2 |
| | *Zimmer-Strafse.* | | 30 | Schletz, Maurermeister. | 3 |
| | Dietz, Brauer. | 0 | 29 | Spazier, Wollenfabrikant | 2 |
| 2 | Ramin, Kanzelley-Secretair beym Prinzen Ferdinand. | 41 | 28 | Stalwasser und Bremer, Lakierer. | 2 |
| 2 | Abé, Wittwe. | 42 | 27 | Kiesel, Wittwe. | 2 |
| 2 | Forst, Mahler. | 43 | 26 | Repmin, dito. | 2 |
| 2 | Hoffmann, Wittwe. | 44 | 25 | Pieper, dito. | 3 |
| 4 | Kieseling, Arbeiter bey der Porzellain-Fabrike. | 45 | 24 | Winckler, Bäcker. | 2 |
| 3 | Bartel, Stuhlmacher. | 46 | 23 | Hitze, Viehmäster. | 3 |
| 2 | Seidel, Wittwe. | 47 | 22 | Junck, Wittwe. | 3 |
| 2 | Graf, dito. | 48 | 21 | Marquardt, } Branntwein- | 2 |
| 2 | Kerhold, Tischler. | 49 | 20 | Marquardt, } brenner. | 4 |
| 2 | Schultze, Geh. Secretair. | 50 | 19 | v. Lüderitz, Wittwe. | 2 |
| 2 | Buscheck, Schmidt. Wittwe. | 51 | 18 | Knörzer, Baumwollfabriknt. | 2 |
| 2 | Navo, Seidenwirker. | 52 | 17 | Schmidt, Wollfabrikant. | 2 |
| 2 | Perdun, Wittwe. | 53 | 16 | Weihmann, Fuhrmann. | 2 |
| 3 | Rietz, Viehmäster. | 54 | 15 | Grunert, Posamentier. | 4 |
| 3 | v. Goldbeck, } Gen. Auditeur- | 55 | 14 | Wildheim, Schlächter. | 2 |
| 2 | v. Goldbeck, } Wittwe. | 56 | 13 | Eisfeld, Wittwe. | 3 |
| | *Leipziger-Strafse.* | | 12 | Kaiser, Porzellainmahler. | 3 |
| 2 | v. Prittwitz, Gen. von der Cavall. Wittwe. | 57 | 0 | Magistrats-Schlächter-Scharrn. | |
| 2 | Ephraim, Rentier. | 58 | 11 | Weichenberger, Materialist. | 2 |
| | *Wilhelms-Platz.* | | 10 | v. Jagow, Hauptmann. | 2 |
| | | | 9 | Gold- und Silber-Manufact. | 2 |
| | | | 8 | v. Finkenstein, Krieg. Minist. | 2 |
| 2 | Seitenfront des Prinz. Ferdinand K. H. Palais. | 0 | 7 | v. Radzivill, Fürstl. Palais. | 2 |

## 1800–1870

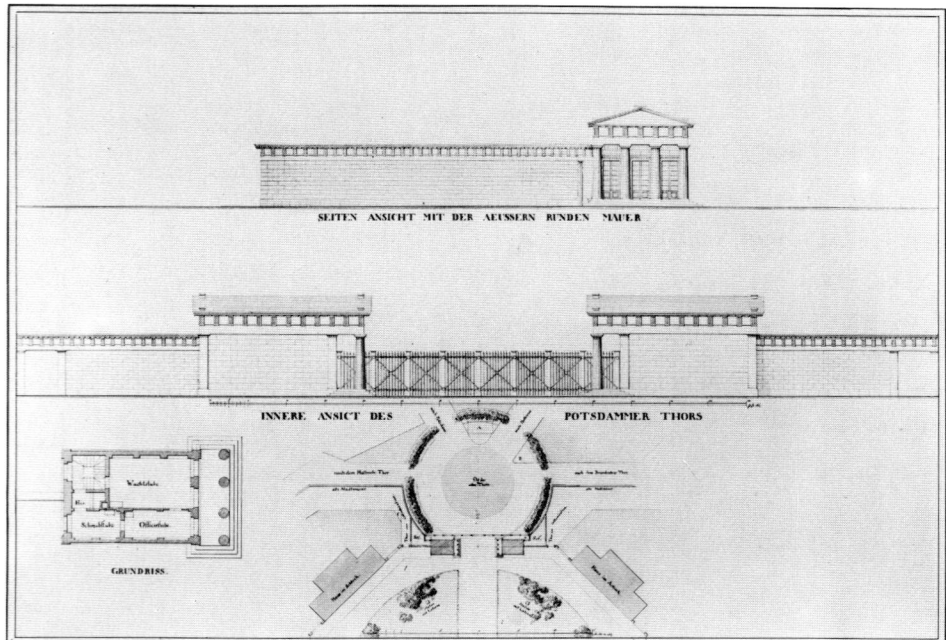

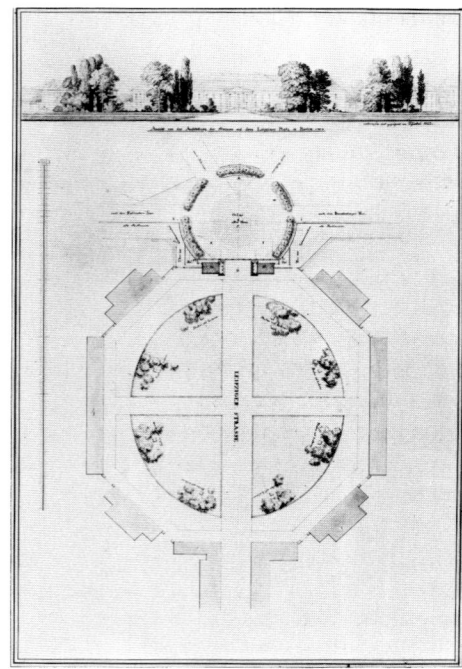

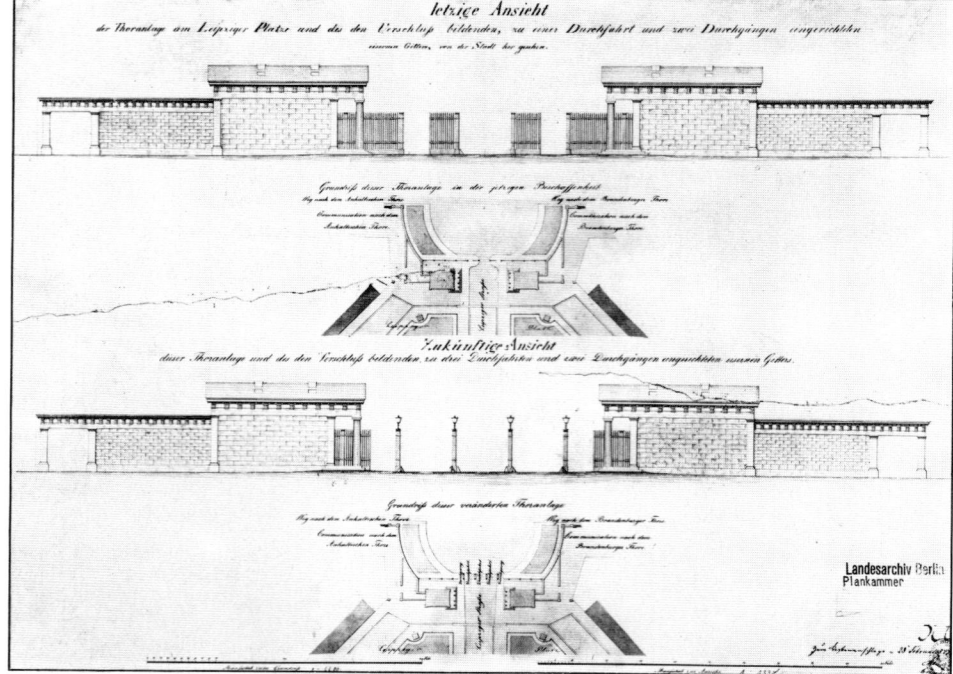

1) Karl Friedrich Schinkel, Lageplan, Grundriß und Ansichten des Potsdamer Tores
2) Karl Friedrich Schinkel, Grundriß und Ansicht des Leipziger Platzes, 1823
3) Jetzige und zukünftige Toranlage am Leipziger Platz, Grundrisse und Ansichten, 1843

## Der Leipziger Platz

Das Oktogon oder Achteck, seit den Befreiungskriegen Leipziger Platz genannt, zeigt sich nach seiner Anlage im Rahmen der Friedrichstadterweiterung als eine glatte ungegliederte Fläche. Seine Bestimmung zu einem Exerzierplatz schloß selbstverständlich eine architektonische oder gartenkünstlerische Gestaltung aus. Sehr ähnliche große Häuser, von einer oder von mehreren Parteien bewohnt, rahmten den Platz bis zu dem Ersatz durch Neubauten aus der zweiten Hälfte des 19. Jahrhunderts ein. Wesentliche Veränderungen ergaben sich erst mit Karl Friedrich Schinkels Entwurf für das Potsdamer Tor und die beidseitig angeordneten Plätze – Leipziger und Potsdamer Platz. Die Gartenpläne von Schinkel und Peter Josef Lenné zeigen eine deutliche Trennung zwischen den Fahrwegen und den mit einem eisernen Geländer eingefaßten Grünanlagen. In dem ausgeführten Entwurf Lennés durchschneidet die Straße das ebenfalls achteckige Rasenfeld, das mit Bäumen und Sträuchern besetzt ist, an den Ecken sind die Figuren aufgestellt, die Wilhelm Christian Meyer 1776 für die Opernbrücke geschaffen hatte.

Die gärtnerische Anlage wurde von dem Hofgärtner des Palais Prinz Albrecht gepflegt. 1826 gestattete der König, daß anständige Personen und Bewohner des Platzes Schlüssel zu den Grünanlagen erhalten sollten. Die Anregung zur partiellen Nutzung öffentlicher Grünanlagen scheint aus England gekommen zu sein, denn in Berlin gab es wohl keinen anderen Platz, auf dem in dieser Art verfahren wurde. Mit der Aufsicht und Pflege hat es nicht immer reibungslos geklappt.

Auf den folgenden Seiten ist eine Liste der zur Benutzung Berechtigten vom 15. April 1835 wiedergegeben, dazu ein Verzeichnis der Hauseigentümer aus dem Jahre 1841.

Zwanzig Jahre nach der Anlage der Torhäuser genügte der vorgesehene Durchlaß dem gestiegenen Verkehrsaufkommen nicht mehr. Statt einer Durchfahrt wurden nun drei geöffnet, daneben blieb es bei zwei Durchgängen. Die Torpfosten wurden außerdem bei diesen Arbeiten mit Laternen versehen.

1) Karl Friedrich Schinkel, Ansicht des Potsdamer Tores von außen, 1823
2) Friedrich August Calau, Der Leipziger Platz mit dem Potsdamer Tor, um 1830
3) Der Leipziger Platz von der Leipziger Straße, 1825

## 1800–1870

„Nachdem die Beaufsichtigung und Unterhaltung derjenigen Theile des Leipziger Platzes, welche sich innerhalb des eisernen Gitters befinden, auf uns übergegangen und dem Thiergarten-Inspector Koeber übertragen worden ist, werden Sie beauftragt, sogleich neue Schlüssel zu den Schlössern der Eingangsthüren anfertigen, die letzteren aber auch gleichzeitig in der Art abändern zu lassen, daß die etwa vorhandenen Schlüssel dazu unbrauchbar werden.

Die neuen Schlüssel sind vom g. Koeber zu behändigen.

Die Instandsetzung der beschädigten Theile des Gitters ist gleichfalls zu veranlassen, auch für die Unterhaltung desselben zu sorgen."

Die im Jahr 1835 zur Benutzung der Grünanlagen auf dem Leipziger Platz berechtigten Anwohner, aus: Acta Leipziger und Potsdamer Platz

Verzeichnis der Hauseigentümer am Leipziger Platz und an der Leipziger Straße, 1841

## 1800—1870

1) Felix Mendelssohn-Bartholdy, Garteneingang zu dem Mendelssohnschen Haus in der Leipziger Straße 3
2) Sebastian Hensel, Gartenhaus des Mendelssohnschen Hauses, 10. 6. 1851

### Leipziger Straße 3

Die Geschichte dieses Hauses und Grundstücks ist besonders abwechslungsreich, in gewissem Rahmen aber typisch für das Gebiet zwischen Leipziger Platz und Wilhelmstraße.
Im Jahr 1735 schenkte Friedrich Wilhelm I. dem Leutnant Johann Heinrich von der Gröben das Grundstück, weil dieser den Wunsch geäußert hatte zu bauen und weil er einen Hausentwurf vorgelegt hatte.
Eingedenk der nicht gerade herausragenden wirtschaftlichen Verhältnisse des Leutnants wurden ihm wie üblich die Baumaterialien zur Verfügung gestellt und dazu noch frei geliefert, außerdem wurde das Haus von Steuern und Abgaben befreit. Allein, durch die Handwerkerkosten geriet der Bauherr doch in Schulden. Auch wirtschaftliche Privilegien — Barbier- und Badstube, Materialladen — verhalfen ihm nicht zu Mietern. 1740 erlangte er die Erlaubnis, das Haus als Hauptgewinn (25000 Taler) einer Lotterie auszuspielen. Ein Kaufmann aus Hamm zog das „große Los", immerhin gelang es ihm, das Haus zu vermieten, bis er es sechs Jahre später für 6000 Taler an die Königliche Kommerz- und Manufakturkommission verkaufte, die sich hauptsächlich mit der Förderung der Seidenindustrie zu befassen hatte. So zog Meister Simond aus der Seidenmetropole Lyon in das Haus ein und betrieb dort auf über zwanzig Stühlen mit einundsiebzig Arbeitern die Seidenweberei, ohne allerdings wirtschaftlichen Erfolg zu haben. Nach einem Rettungsversuch wurde 1750 vom König die Übernahme der Fabrik durch den Kaufmann Gotzkowsky, der bereits die mit Mitteln des Königs errichtete Sammetfabrik der Blumeschen Erben betrieb, genehmigt. Das Haus wurde „erb- und eigentümlich" dem neuen Betreiber überschrieben. Auch Gotzkowsky hatte mit Schwierigkeiten zu kämpfen, er genoß aber das uneingeschränkte Vertrauen des Königs und konnte so zu seinen anderen Unternehmungen 1761 im Haus Leipziger Straße 4 noch eine Porzellanfabrik gründen, die er zwei Jahre später für den dreifachen Preis an den König zurückveräußerte. Auch das rettete Gotzkowsky nicht vor dem Bankrott, 1765 mußte er sich auch von der Seiden- und Sammetfabrik trennen, behielt aber das Grundstück und das Haus, welches schließlich 1778 von seinem Sohn an den Kammerherrn Baron Carl Friedrich von der Recke weiterverkauft wurde.

Trotz dieser abwechslungsreichen Geschichte klagten noch 1825, als die Familie Mendelssohn das Haus erwarb, die Freunde, daß die Familie in eine Gegend zöge, in der bereits das Gras auf der Straße wachse.
Durch den neuen Besitzer wurde das Grundstück zu einem gesellschaftlichen Treffpunkt der Intelligenz und Künstlerschaft. Felix Mendelssohn-Bartholdy verbrachte dort seine Jugend, die ersten Kompositionen entstanden in dem schönen Garten. Unter einer der beiden großen Eiben soll er die Ouverture zum „Sommernachtstraum" niedergeschrieben haben. Der Maler Wilhelm Hensel lebte lange Jahre in dem Gartenhaus, seine Porträts der Besucher zeigen wie kein anderes Zeugnis, daß sich wirklich alle bedeutenden Köpfe hier ein Stelldichein gaben. Darüberhinaus hatte Alexander von Humboldt im Garten ein Observatorium, das „eisenfreie Haus", in dem er Messungen des Erdmagnetismus durchführen und mit den in Paris und andernorts ermittelten Werten vergleichen konnte.
Mitte des neunzehnten Jahrhunderts wurden Haus und Grundstück vom preußischen Staat erworben, um als Herrenhaus des Preußischen Landtages genutzt zu werden.

## Das Preußische Herrenhaus

Nachdem der für die „erste Kammer" vorgesehene Neubau kurz vor seiner Vollendung im Jahre 1851 abbrannte, wurde das von der Familie Mendelssohn erworbene Haus durch den Baurat Heinrich Bürde zur Präsidentenwohnung und zu Verwaltungsräumen umgebaut. Im Hof entstand der Sitzungssaal, der bei einem weiteren Umbau, 1874/75, durch Paul Emmerich den gestiegenen Bedürfnissen angepaßt wurde. Die geringe Tiefenausdehnung, die viele Unbequemlichkeiten verursachte, war insbesondere auf die beiden alten Eiben zurückzuführen, deren Erhaltung von Friedrich Wilhelm IV. befohlen worden war.

Das Gesetz vom 12. 10. 1854 bestimmte die Zusammensetzung des Herrenhauses aus folgenden Mitgliedern:

1) Prinzen des Königlichen Hauses, die nach erreichter Großjährigkeit zu berufen, der König sich vorbehält

2) Mitglieder mit erblicher Berechtigung – die Häupter der Fürstlichen Häuser von Hohenzollern-Hechingen und Hohenzollern-Sigmaringen
– die nach der Deutschen Bundesakte zur Standschaft berechtigten Häupter der vormals reichsständischen Häuser in Preußen
– die nach Königlicher Verordnung zur Herren-Kurie des Vereinigten Landtages berufenen Fürsten, Grafen und Herren
– Personen, denen vom König das erbliche Recht auf Sitz und Stimme verliehen wurde

3) Mitglieder auf Lebenszeit
– von der Herren-Kurie vorgeschlagene Personen
– ein Vertreter jeder Provinz, vorgeschlagen von den Verbänden der mit Rittergütern in der Provinz ansässigen Grafen
– Vertreter der mit umfangreichen Familienbesitz ausgezeichneten Familien, denen das Recht vom König verliehen wird
– Vertreter des alten und befestigten Grundbesitzes
– Vertreter der Landesuniversitäten
– Vertreter der Städte, denen der König dieses Recht gewährt
– die Inhaber der vier großen Landesämter
– einzelne Personen, die der König nach seinem Vertrauen auswählt

Nach der Verfassungsurkunde war zu jedem Gesetz die Übereinstimmung beider Häuser und des Königs notwendig. Haushaltsgesetze wurden zuerst im Abgeordnetenhaus beraten und konnten vom Herrenhaus nur im Ganzen angenommen oder abgelehnt werden.

Das Herrenhaus hatte ungefähr 280 Mitglieder von denen etwa 180 ständig an den Sitzungen teilnahmen.

Neben den Sitzungsperioden des Herrenhauses wurde der Sitzungssaal auch zu anderen Veranstaltungen benutzt, den höchsten politischen Rang hatte darunter die Verwendung als Reichstag des Norddeutschen Bundes bis zu dessen Aufgehen im Deutschen Reichstag.

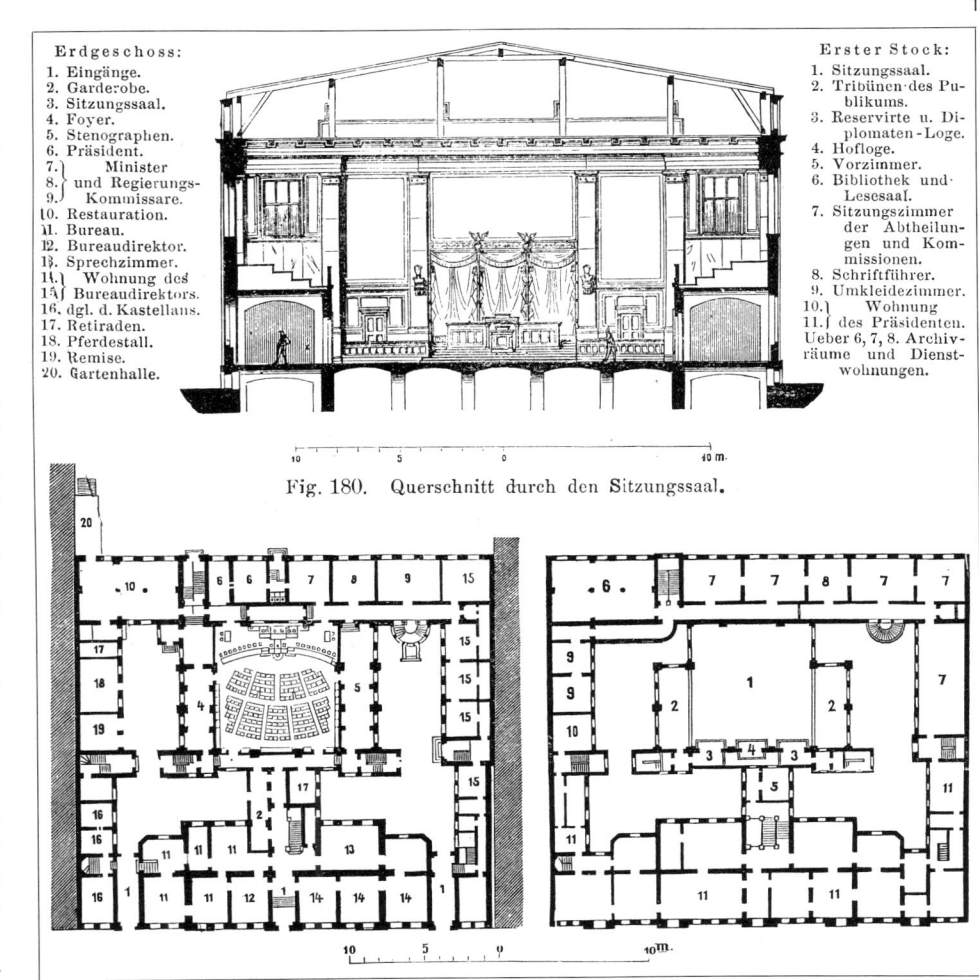

1) Das Preußische Herrenhaus in der Leipziger Straße 3, kurz vor dem Abriß 1897
2) Schnitt durch den Sitzungssaal und Grundrisse des Herrenhauses nach dem Umbau von 1874

## 1800—1870

### Die Luisenstiftung

Vor dem Umbau des ehemaligen Palais Vernezobre zum Palais Prinz Albrecht beherbergte das Gebäude für einige Zeit auch die – noch heute bestehende – Luisenstiftung, über deren Besuch Wilhelm von Humboldt seiner Frau Caroline am 28. 7. 1812 berichtete:
„Vorgestern war ich in einer Jahresfeier der Luisenstiftung, wo man mich, weil wohl außer dem König niemand einen so beträchtlichen Beitrag gibt wie ich, auf Händen trägt. Es ist sehr hübsch da. Die Kinder sind in Familien eingeteilt, bloß Mädchen, sie machen alle Hausarbeit selbst, und es ist überall eine musterhafte Ordnung und Sauberkeit, zu der die Schönheit des Lokals auch beiträgt, da der König das Ansbachische Palais, das ich einmal für die Universität nehmen wollte, dazu fürs erste eingeräumt hat."

Palais Prinz Albrecht nach dem Umbau durch Karl Friedrich Schinkel, 1830–33
1) Kolonnaden an der Straßenfront, um 1910
2) Das Treppenhaus

Marstall im Park des Palais Prinz Albrecht, erbaut 1830 von Karl Friedrich Schinkel (Seitenflügel 1898 aufgestockt), vor dem Abriß 1926

## Das Palais des Prinzen Albrecht

Im Jahre 1830 erhielt Karl Friedrich Schinkel den Auftrag, das ehemalige, inzwischen von verschiedenen Eigentümern genutzte, Palais Vernezobre (damals meist Ansbachisches Palais genannt) für die Bedürfnisse des Prinzen Albrecht umzubauen. Der Hauptbau sollte dabei in seinem Äußeren erhalten bleiben. Die Veränderungen erstreckten sich hauptsächlich auf die Flügelgebäude des Ehrenhofes – die dort befindlichen Stallungen und Remisen wurden in den rückwärtigen Teil des Gartens verlegt –, auf die Straßenfassade, auf die Neuanlage und Erweiterung des Gartens und auf die genannten Wirtschaftsbauten, die an der Grundstücksgrenze zur Communication entstanden.

Die deutlichste Veränderung des Äußeren nahm Schinkel an der Straßenfront vor. Die geschlossene, nur mit einem Tor zum Ehrenhof versehene Mauer, die sich außerdem in schlechtem baulichen Zustand befand, sollte dem Durchblick geöffnet werden. Zwei Durchfahrten sollten einen besseren Wagenverkehr ermöglichen. Die anderen Palais in der Wilhelmstraße, die gleichartige Ehrenhöfe bildeten, waren durch eiserne Gitter abgeschlossen. Keines dieser Palais lag aber direkt in der Flucht einer Straße und so erscheint die Errichtung der Kolonnade als eine besonders gelungene Lösung, ganz gleich ob für die Idee dazu Schinkel oder Prinz Friedrich Wilhelm (IV.) in Frage kommen. So wird die Straßenflucht nicht direkt durch das Palais abgeschlossen, wie es bei dem filigranen Eisengitter der Fall wäre, sondern durch ein architektonisches Moment, das den Durchblick nicht vollständig verwehrt, den Bau aber doch deutlich genug von dem Treiben auf der Straße abtrennt.

Aus der Umgestaltung der Innenräume in einen zeitgemäßen Stil ragte insbesondere das aus Gußeisen konstruierte freitragende Treppenhaus hervor. Die beiden seitlich ansetzenden Läufe der Treppe vereinigten sich an der dem Eingang gegenüberliegenden Wand und führten dann auf das von drei Bogen unterstützte Podest. Das Eisenwerk des Geländers war vergoldet, die Wanddekorationen waren hauptsächlich in grau und grün gehalten, nur die Fläche hinter den Gipsabgüssen war pompejanisch-rot gestrichen. Alle Entwurfszeichnungen und Details rührten direkt von Schinkel her, der auch die zu verwendenden Farben genauestens angegeben hatte.

Mehrere Umbauten veränderten im Laufe der Zeit das Aussehen der meisten Räume, nur das Treppenhaus wurde in der von Schinkel angegebenen Form erhalten.

Prinz Albrecht hatte als jüngster Sohn unter sieben Geschwistern kaum Chancen auf den Thron, deshalb konnte er sich uneingeschränkt seinem liebsten Zeitvertreib, der Reiterei, widmen. So mußten für den Pferdeliebhaber und -kenner einige Neubauten errichtet werden, der Marstall und die Reithalle. Der zinnengekrönte, ausschließlich aus Backstein errichtete Stall bot neunzig Pferden Platz, dazu kamen noch die Wagenremisen und die Unterkünfte der Pfleger. Die Reithalle, ebenfalls aus Backstein, aber in gotischen Formen errichtet, ermöglichte das Trainieren der Pferde zu jeder Jahreszeit unabhängig von der Witterung, das war ein Luxus, den sich sonst keiner der Prinzen leistete. Anschließend daran gab es noch einen sogenannten Sprunggarten, eine Reitbahn mit verschiedenen Hindernissen. Zu diesen Wirtschaftsgebäuden gesellten sich später noch das Ananashaus und das Orangenhaus. Auf Schinkel war noch das Maschinenhaus zurückzuführen, das die Dampfmaschine beherbergte, die zur Herstellung des für die Fontänen benötigten Wasserdruckes gebraucht wurde.

## 1800–1870

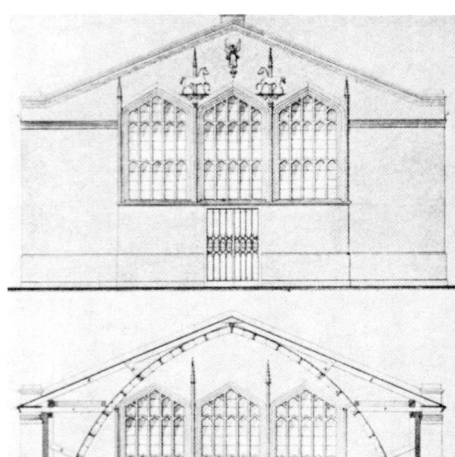

1) Aufriß und Schnitt zur Reithalle im Park des Palais Prinz Albrecht nach Karl Friedrich Schinkel
2) Innenansicht der Reithalle, vor dem Abriß 1926
3) Gartenplan zum Palais Prinz Albrecht, aufgenommen von B. Groebenschütz, 1835
4) Blick aus dem Palais Prinz Albrecht über den Park, die südlich anschließenden Gärten und die Stadtmauer auf den Kreuzberg

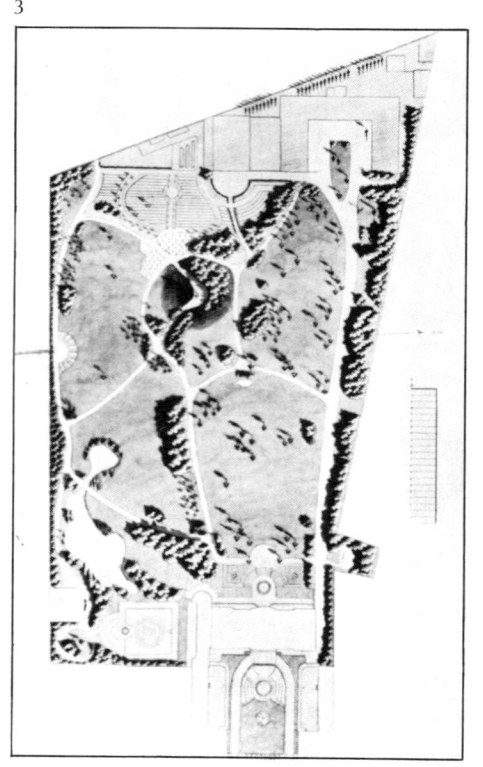

## Anhalter Bahnhof und Askanischer Platz

Der Endbahnhof der Berlin-Anhaltischen Eisenbahn, etwa in der Mitte zwischen Potsdamer und Halleschem Tor gelegen, bedingte sowohl die Anlage eines neuen Tores wie auch einer, das spitzwinklige Dreieck zwischen Communication und Wilhelmstraße durchschneidenden Straße, der Anhaltischen Straße. Der außerhalb der Stadtgrenze gelegene Askanische Platz wurde in den nächsten Jahren zum Zentrum des sogenannten Geheimratsviertels. Gärtnereien und Gartenlokale an der Hirschel-Straße mußten zunehmend der Wohnbebauung weichen.

Im Jahr 1841 wurde von den Architekten Rosenbaum und Holtzmann der großzügige Bahnhof angelegt, noch Anfang der fünfziger Jahre glich die Umgebung eher dem „wilden Westen", wie den Erinnerungen von Agathe Nalli-Rutenberg zu entnehmen ist:

„Zu jener Zeit, als wir hinaus vor das Anhaltstor zogen, existierte der heutige Kanal, der sich rings um Berlin zieht, noch nicht. Derselbe wurde erst nach dem Jahre 1848 angelegt, da König Friedrich Wilhelm IV. die Leute aus dem Volke, denen es an Arbeit fehlte, beschäftigen und ihnen Broterwerb geben wollte.

Statt des Kanals lief damals der sogenannte Schafgraben durch Wiesen und Fluren dahin. Ich erinnere mich noch ganz deutlich dieses idyllischen Grabens, der von hohen schattigen Bäumen umgeben war. In der Nähe des heutigen Hafenplatzes hatte man in jenem Gewässer ein kleines Bad für den Sommer eingerichtet, das freilich äußerst primitiv und nur von einem Bretterzaun umgeben war. Es hieß ‚Zum blauen Himmel'.
. . .
Der Anhalter Platz war nicht gepflastert. Wenn es regnete, standen große Pfützen auf ihm, durch die man mühsam waten mußte, wenn man nach der Anhalter Straße gehen wollte. Abends war dann der Platz sehr dunkel; er wurde nur durch eine einzige, trüb brennende Laterne, die in der Mitte desselben stand, erhellt. . .

Am Tage wurden sehr oft ganze Herden von Rindern, die von außerhalb mit der Bahn angekommen waren, über den Platz getrieben, um dann durch die Stadt zu den respektiven Schlächterläden befördert zu werden, wohin sie verkauft worden waren. Jeder Schlächter schlachtete für sich und hatte hinten auf dem Hofe sein Schlachthaus. . .

In dem neuen Viertel vor dem Anhaltstore entstanden bald hübsche, kleine Bier- und Kaffeegärten, in denen man im Sommer abends unter den grünen Bäumen sein Glas Bier trinken und mit den Nachbarn, die sich auch dort einfanden, über die Ereignisse des Tages plaudern konnte."

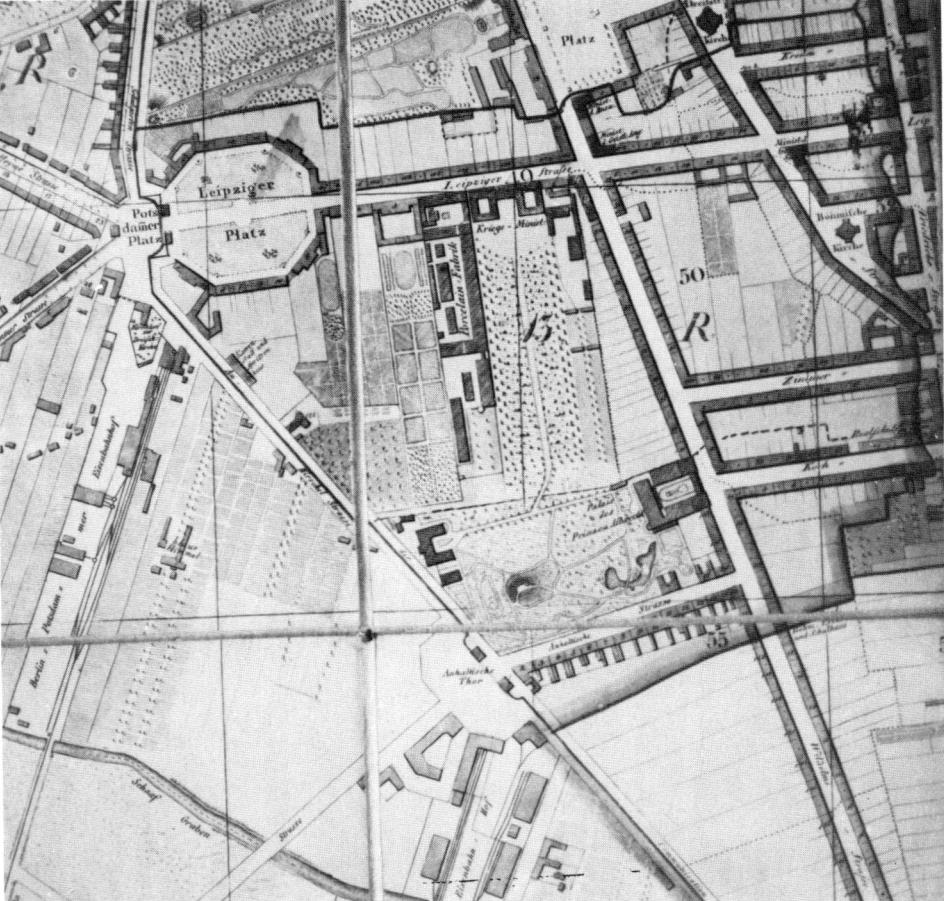

1) Der Askanische Platz mit dem 1841 erbauten ersten Anhalter Bahnhof
2) Ausschnitt aus: Grundriß von Berlin, 1826, berichtigt 1841, aufgenommen und gezeichnet von Jean Chrétien Selter

## 1800–1870

1) Das preußische Kriegsministerium (ehemaliges Happesches Palais), Leipziger Straße 5–7, nach dem Umbau durch August Stüler und Wilhelm Drewitz, 1845/46
2) Gartenansicht des preußischen Kriegsministeriums, um 1908
3) Fassadendetail vom Kriegsministerium

### Leipziger Straße 5–7
### Das Kriegsministerium

Die Inanspruchnahme der Leipziger Straße durch Verwaltungsbauten wurde wesentlich gefördert durch die Ende des achtzehnten Jahrhunderts erfolgte Erwerbung des Happeschen, später Reuss'schen Palais durch den preußischen Staat. Verständlich wird die Bildung des „Regierungsviertels" an den äußersten Grenzen der Stadt, wenn man berücksichtigt, daß die Minister generell noch in ihren Dienstgebäuden wohnten und dort auch ihren Repräsentationspflichten nachkommen mußten. So konnten Sie selbstverständlich einen hohen Wohnstandard beanspruchen, der wesentlich auch durch einen großen Garten unter Beweis gestellt wurde. In diesem Fall war es sogar einer der schönsten und größten Berlins. Die vorhandenen Gebäude wurden 1845/46 von Wilhelm Drewitz und Friedrich August Stüler umgebaut und erweitert, dabei entstand die Fassade völlig neu, mußte aber den vorhandenen Teilen angepaßt werden und war deshalb voller Unregelmäßigkeiten, die von den Architekten geschickt verborgen wurden.

Eingänge, Loggien und andere architektonische Details waren Terrakotten aus der Firma March in Charlottenburg. Für das Hauptgesims wurde erstmals in Berlin die Sgraffitotechnik verwandt.

Nach und nach wurden noch weitere Gebäude an der Leipziger- und der Wilhelmstraße dem riesigen Komplex des Ministeriums einverleibt.

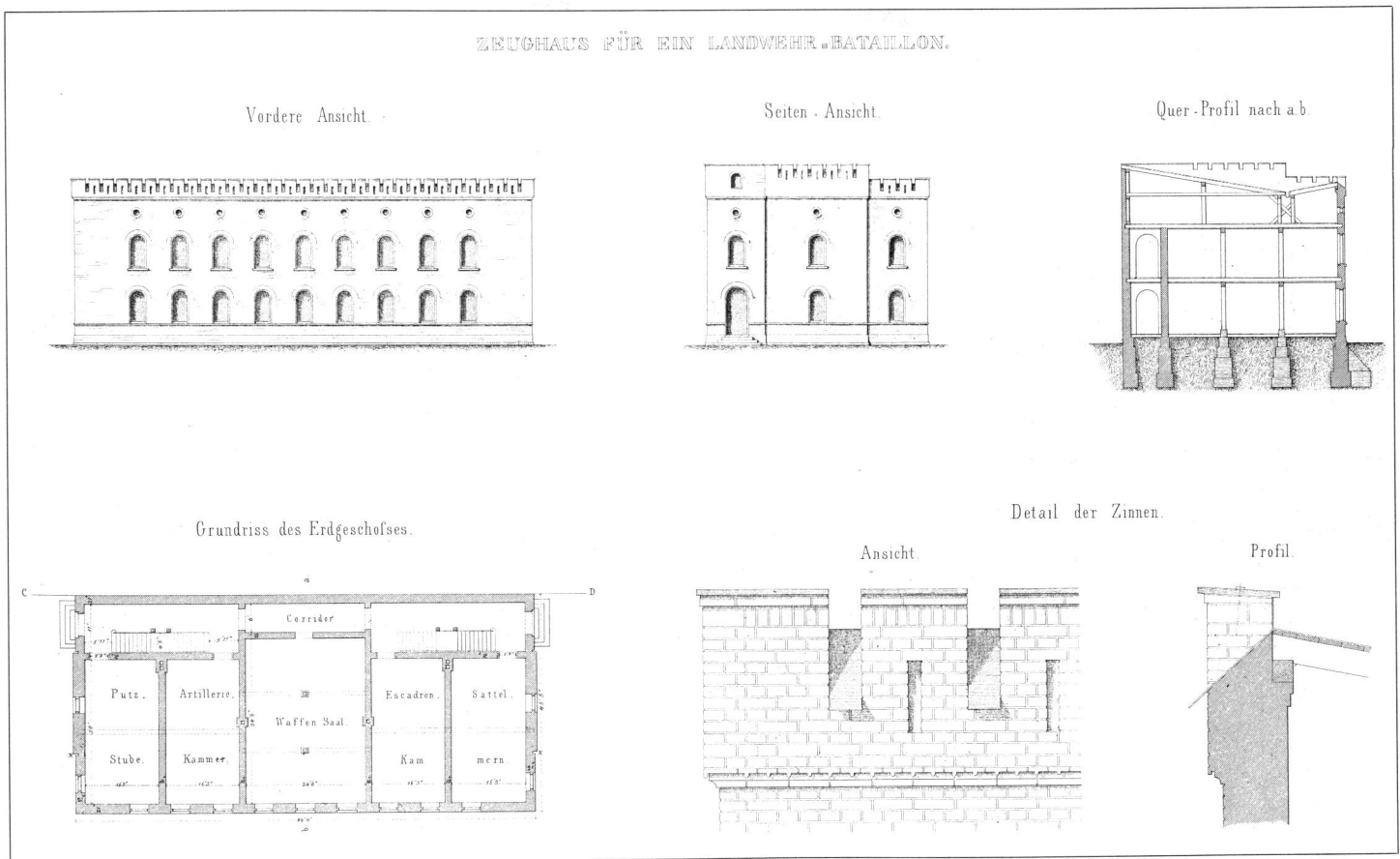

## Fanny Lewald: Berlin 1848

Während der revolutionären Ereignisse des Jahres genossen das Kriegsministerium und die Zeughäuser das besondere Interesse sowohl der staatlichen Macht wie auch der Revolutionäre, die sich dort bewaffnen wollten.
In ihren „Erinnerungen aus dem Jahre 1848" gibt uns Fanny Lewald eine Schilderung der Zustände in Berlin:
„Als wir in der Nacht zum 1. April durch das Potsdamer Tor einfahrend an dem Kriegsministerium in der Leipziger Straße vorüberkamen, vor dem statt des militärischen Ehrenpostens zwei Studenten mit roten Mützen Wache hielten, die ihre Zigarren rauchten, glaubte ich wirklich zu träumen. Aber wie stieg erst meine Verwunderung, als ich in den nächsten Tagen die Straßen Berlins ohne Militär sah, als keine Gardeoffiziere, bei Kranzler Eis essend, ihre Füße über das Eisengitter des Balkons streckten, als mir alle die Schilder fehlten, welche vor wenig Wochen so stolz mit dem Titel „Hoflieferant" geprangt hatten und als an allen Ecken unzensierte Zeitungsblätter und Plakate, ja selbst Zigarren verkauft wurden, während sonst das Rauchen auf der Straße bei 2 Talern Strafe verboten, und sogar die Inschriften der Leichensteine zensurpflichtig waren."

## Das Landwehr-Zeughaus

Das unmittelbar vor der Revolution 1848 an der Potsdamer Communication errichtete Landwehr-Zeughaus war ebenfalls ein Werk Wilhelm Drewitz'. Dieser schuf damals eine Anzahl militärischer Bauten, insbesondere Kasernen, vor den Toren Berlins, die nicht unwesentlich das Aussehen der Peripherie der Stadt bestimmten (u. a. die heute noch erhaltene ehemalige Garde-Dragoner-Kaserne am Mehringdamm). Das einfache, fast schmucklose Landwehr-Zeughaus war im Äußeren mit gelblichen Ziegeln verkleidet und dürfte so einen ähnlichen Eindruck hervorgerufen haben wie der auch von Drewitz erbaute Charlottenburger Marstall, heute Teil des Ägyptischen Museums. Die Zinnenbekrönung sollte das Zeughaus als Wehrbau ausweisen – ein romantisches Element, das auf den Einfluß Friedrich Wilhelms IV. hinweist.

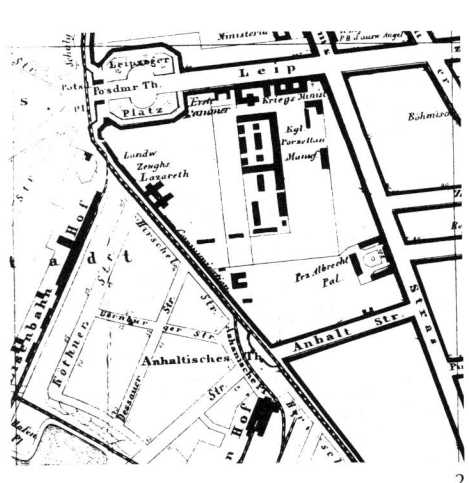

1) Wilhelm Drewitz, Zeughaus für ein Landwehr-Bataillon, erbaut 1847/48
2) Ausschnitt aus: Neuester Plan von Berlin, gezeichnet und gestochen von A. Schahl, 1854

1800—1870

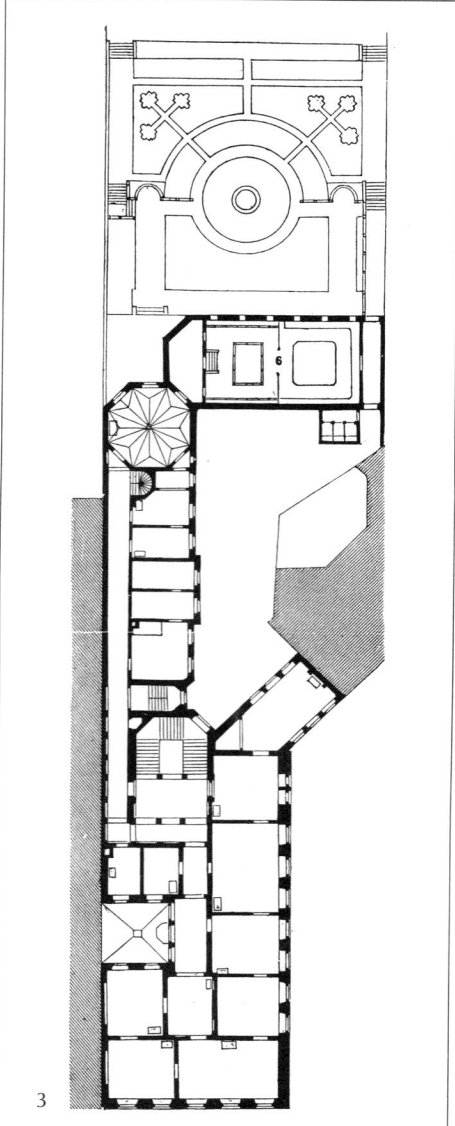

1) F. A. Borchel, Der Leipziger Platz mit dem Bierschen Wohnhaus und dem Palais des Prinzen Adalbert, um 1860
2) Ansicht und 3) Grundriß des Bierschen Wohnhauses, Leipziger Platz 11, erbaut um 1853 von Johann Heinrich Strack

## Die Umgestaltung des Leipziger Platzes

Die Anlage des Potsdamer und des Anhalter Bahnhofs hatte in den vierziger Jahren des 19. Jahrhunderts noch keine direkten Auswirkungen auf das diesen gegenüber, hinter der alten Stadtmauer liegende innerstädtische Gebiet gehabt. Eine der Erschließung neuer Stadtviertel vor den Toren vergleichbare Bautätigkeit war nur an der Südseite der neugeschaffenen Anhaltischen Straße zu beobachten. Insbesondere das Gelände an der Potsdamer Communication, den Bahnhöfen unmittelbar benachbart, schien für private Bauunternehmungen nicht von Interesse zu sein. Ein Grund lag wohl auch darin begründet, daß ein gutbürgerliches Wohnen mit der Zollmauer vor Augen dort weit weniger attraktiv erschien als in dem neuen „Geheimratsviertel" oder dem nordwestlich gelegenen Tiergartenviertel mit seinen vornehmen Villen.

Der Leipziger Platz erfuhr seit Beginn der fünfziger Jahre eine tiefgreifende Wandlung. In den nächsten fünfzehn Jahren wurde die alte Bebauung des 18. Jahrhunderts nach und nach durch Neubauten ersetzt, die dem bis dahin immer noch recht idyllischen Platz ein großstädtisches Gepräge gaben, wobei die Nachbarschaft des Herrenhauses die Bedeutung des Ortes gesteigert haben dürfte. Die ersten und bedeutendsten dieser Neubauten entstanden an der Ostecke des Leipziger Platzes, dort wo die einzelnen Platzseiten jeweils nur ein Grundstück entsprechender Größe begrenzten, was eine großzügige Disposition begünstigte. Sie waren die letzten Vertreter des innerstädtischen palastartigen Wohnhauses, das bald endgültig zugunsten der städtischen Villa abgelöst werden sollte. Das um 1852 von Heinrich Strack erbaute Biersche Wohnhaus galt für lange Zeit als das schönste seiner Art in Berlin. Der Ecksituation am Übergang vom Leipziger Platz zur Leipziger Straße trugen die klaren Fassaden geschickt Rechnung, wobei die architektonischen Gliederungen sparsam, aber akzentuiert eingesetzt waren. In seiner „hellenischen Renaissance" kann das Biersche Haus als bedeutender Vertreter der Berliner Schule gelten. Daß Strack für die Architekturteile der Fassade ausschließlich Sandstein verwendet hatte, wies dem Bau eine in die Zukunft gerichtete Bedeutung zu. Das Innere erlangte wegen seiner bis ins Detail durchgebildeten Ausstattung Berühmtheit. Auch Karl Bötticher hatte daran Anteil – eines der wenigen praktischen Zeugnisse des Verfassers der „Tektonik der Hellenen".

Weniger bedeutend waren das etwa zur selben Zeit von Eduard Knoblauch errichtete Haus Vatke, Leipziger Straße 2, also zwischen Herrenhaus und dem Bierschen Haus gelegen, und das ebenfalls an das letztere an der südöstlichen Seite des Platzes anschließende Palais, das Heinrich Bürde 1854 für den Prinzen Adalbert ausführte, einen Neffen Friedrich Wilhelms III. Da der Prinz auch Oberbefehlshaber der preußischen Marine war, war das Palais bis zu dessen Tod im Jahre 1873 auch zeitweise Sitz der Admiralität.

Von den übrigen Neubauten sei noch die um 1860 entstandene Gebäudegruppe der Hotels Leipziger Hof und Fürstenhof genannt. Damit war der am Westende des Leipziger Platzes gelegene Geländestreifen vollständig bebaut, so daß sich jetzt im Gegensatz zur alten Situation auch ein städtebaulicher Abschluß zum Potsdamer Platz ergab. An diesen Komplex schlossen sich an der Potsdamer Communication zu Beginn der sechziger Jahre noch einige Wohnhäuser an, deren letztes (später Königgrätzer Straße 124) Friedrich Strauch 1864 errichtete.

1) Leipziger Platz 9 und 8, seit 1875 zum preußischen Landwirtschaftsministerium gehörig, um 1908
2) Leipziger Platz 6, seit 1891 zum preußischen Landwirtschaftsministerium gehörig, um 1937
3) Blick über den Potsdamer Platz auf das alte Hotel Fürstenhof (abgerissen 1906) und in die Königgrätzer Straße
4) Grundriß zu dem Wohnhaus Königgrätzer Straße 124, nach Friedrich Strauch

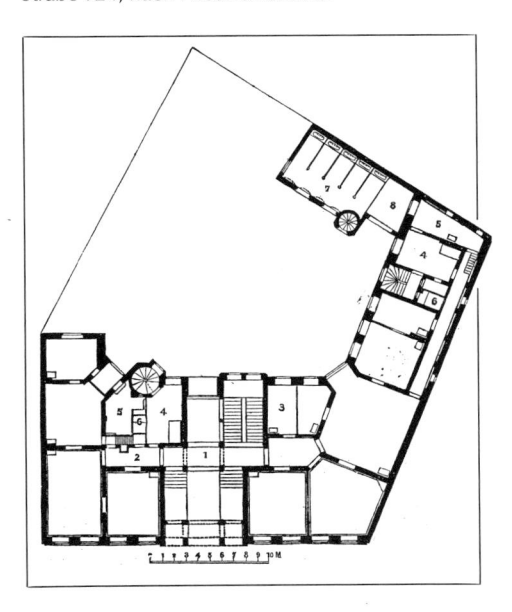

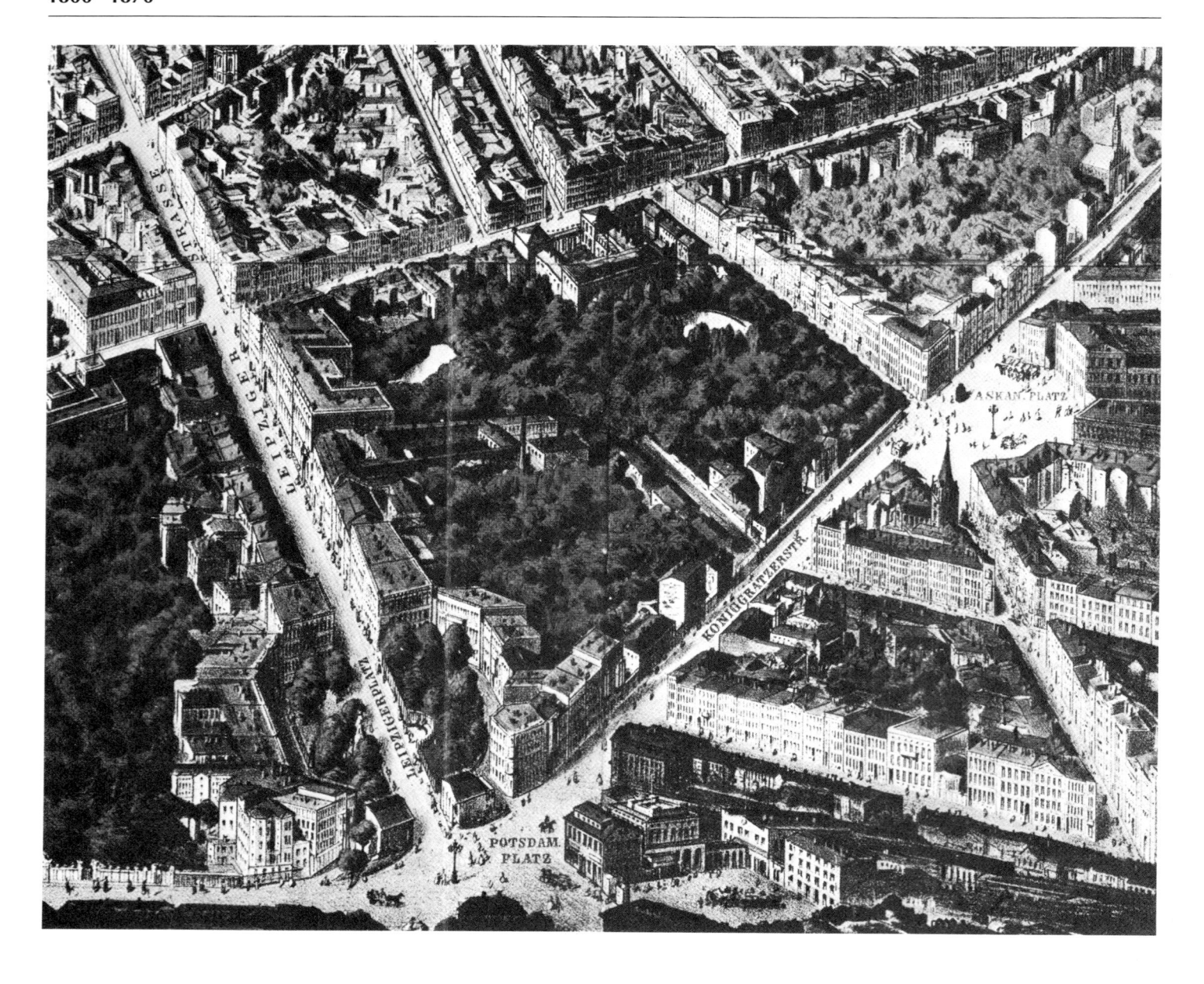

# 1800—1870

Ausschnitt aus: R. Meinhardt, Ansicht von Berlin aus der Vogelperspektive, (um 1870)

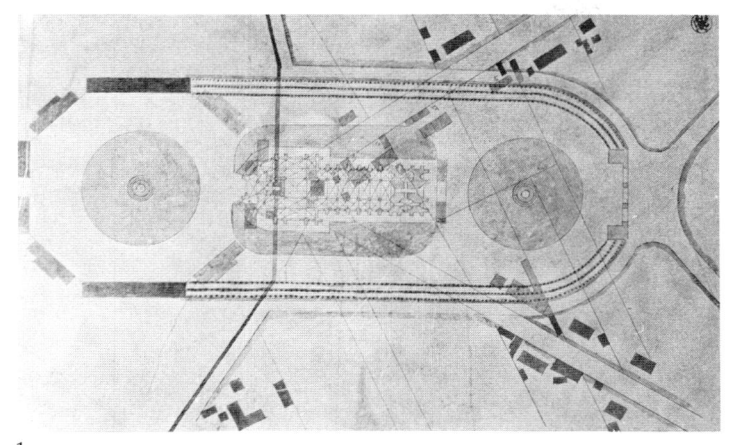

Karl Friedrich Schinkel, Entwurf für einen Dom auf dem Potsdamer Platz als Denkmal für die Befreiungskriege, um 1815
1) Lageplan
2) Seitenansicht

Der Obelisk zu den Einzugsfeierlichkeiten Kaiser Wilhelms I. auf dem Potsdamer Platz, 1878, nach dem Entwurf von Adolf Heyden und Walther Kyllmann

## Kein Platz für Denkmäler

Im Jahre 1871 wurde die Heimkehr der siegreichen Truppen von der Stadt Berlin mit der Ausschmückung der von dem Zug benutzten Straßen gefeiert, dieses Schauspiel wiederholte sich, allerdings von „privater Seite" organisiert, 1878, beim Einzug Kaiser Wilhelms I. nach dessen Genesung von den bei einem Attentat erlittenen Verletzungen.

Erster wesentlicher Blickpunkt auf dem Weg vom Potsdamer Bahnhof zum Palais des Kaisers war der Potsdamer Platz, das „Vestibül Berlins". Die Achsen der vielen einmündenden Straßen vereinten sich nach dem Entwurf der Architekten Adolf Heyden und Walther Kyllmann in ihrem Schnittpunkt und strebten in Form eines die umliegenden Häuser überragenden Obelisken in die Höhe.

Einst hatte Schinkel an dieser Stelle den „Dom als Denkmal für die Befreiungskriege" errichtet sehen wollen.

Mit der schlanken, zum Himmel aufragenden Nadel war auch das Problem gelöst, den verkehrsreichen Platz würdig und dennoch ohne wesentliche Behinderung der Wagen- und Menschenströme zu schmücken. Aus provisorischen Materialien errichtet, führte der allgemein positive Eindruck bald zu einer Spendenbewegung, die die Umwandlung in eine dauerhafte Fassung vorsah. Dennoch wird das Projekt erst 1887 wieder erwähnt. Zugleich mit der durchgreifenden Änderung der vielen Straßenbahnlinien und mit einer Verbesserung des Fußgängerverkehrs sollte endlich das gesammelte Geld zu dem gedachten Zweck verwendet werden. Zunächst sollte das Denkmal einfacher ausgeführt werden, da die Spenden doch nicht reichlich genug geflossen waren. Offenbar wurde das Projekt nicht weiterverfolgt, die Flucht Wilhelms II. setzte schließlich unter alle derartigen Ideen einen Schlußstrich.

Der unbedeutende Platz vor der Friedrichstadt war zu einem der verkehrsreichsten Punkte Europas oder der Welt geworden, anstelle des „Befreiungsdoms" bzw. des Obelisken erhob sich dort seit 1924 der erste Verkehrsturm Deutschlands, von dessen Kanzel die Automobile, Straßenbahnen und Fußgänger geleitet wurden.

## 1871–1909

**Preußische Planungen: Reichstag und Landtag**

Zu Beginn der siebziger Jahre änderte sich die städtebauliche Situation des Stadtviertels grundsätzlich, wofür mehrere Faktoren verantwortlich waren. Der entscheidendste war die Verlegung der Porzellanmanufaktur. Der alte Standort hatte sich aus ökonomischen Gründen als völlig unzureichend erwiesen, so daß ein neuer 1868 beschlossene Sache wurde. Hinzu kam, daß durch die Nähe des angrenzenden Herrenhauses das Grundstück Leipziger Straße 4 bereits mehrfach als Bauplatz für ein Parlamentsgebäude zur Erörterung gestanden hatte. Anfang 1871 war die Verlegung der Manufaktur nach Charlottenburg abgeschlossen, und somit stand ein Terrain zur Verfügung, das sich hakenförmig von der Leipziger Straße bis zur Königgrätzer Straße erstreckte. Dies wiederum ließ den alten Plan wiederaufleben, die Zimmerstraße bis zur Königgrätzer Straße zu verlängern, um so (ähnlich der damals auch neu angelegten Voßstraße) Leipziger Straße und Leipziger Platz verkehrsmäßig zu entlasten und Potsdamer wie Anhalter Bahnhof besser an die Innenstadt anzuschließen.

Bei dieser Sachlage und der Nähe des Reichskanzleramtes und der Regierungsstellen in der Wilhelmstraße war es nur natürlich, daß das Grundstück der ehemaligen Porzellanmanufaktur zusammen mit denen des Herrenhauses und des Landwehr-Zeughauses an der Königgrätzer Straße in die sofort nach der Reichsgründung einsetzende Diskussion um Standort und Bau eines Reichstagsgebäudes einbezogen wurde. In der Tat hatte die preußische Regierung bereits im Frühjahr 1871 Bebauungspläne für dieses Gebiet ausarbeiten lassen, die u. a. sogar einen gemeinsamen Neubau für die Zwecke des Reichstages und beider Kammern des Preußischen Landtages vorsah — ein Vorschlag, der insbesondere bei den nichtpreußischen Reichstagsabgeordneten auf Ablehnung stieß. Dies änderte aber nichts daran, daß sich das deutsche Parlament schon kurz darauf – nicht zuletzt auf das Votum Bismarcks hin – das an der Leipziger Straße gelegene Hauptgebäude der Porzellanmanufaktur als sein provisorisches Domizil erwählte. Damit war in keiner Weise eine Vorentscheidung in

1) Max Klinger, Das Gewerbemuseum in den alten Gebäuden der Porzellanmanufaktur, 1881
2) Die Gebäude der Porzellanmanufaktur, zuletzt als Gewerbemuseum genutzt, kurz vor dem Abriß

Die Standorte der Gebäude für den Reichstag (1) und den Preußischen Landtag (2) nach den Planungen von 1871, eingezeichnet in den Liebenow-Plan von 1867

Richtung einer endgültigen Etablierung des Reichstags an dieser Stelle gefallen. Aber neben den anderen möglichen Standorten wie der Ost- bzw. Westseite des Königsplatzes, den Ministergärten nördlich der Leipziger Straße, dem Dönhoffplatz, dem Alsenplatz oder dem sogenannten Akademie-Viertel behauptete das Porzellanmanufaktur-Terrain seinen Stellenwert in der Diskussion um die Platzwahl und blieb bis Mitte der siebziger Jahre ernsthaft im Gespräch. Dies umso mehr, als es weiterhin von der preußischen Regierung favorisiert wurde, die den Gedanken einer wenigstens optischen Verbindung von Reichstag und Landtag nie ganz aufgab. Dementsprechend wurden bereits im Mai 1871 Vorschläge gemacht, die diesen Vorstellungen entsprechen wollten. Diese zeigten aber, daß eine großzügige Erschließung des Geländes, das immerhin zwei große Parlamentsbauten aufnehmen sollte, wenigstens die Anlage zweier neuer Straßen bedingte. Dafür lag nun ein Projekt vor, das dieses Vorhaben in zwei Varianten durchspielte. Bei der ersten führte eine dieser neuen Straßen senkrecht zur Leipziger Straße direkt auf den Askanischen Platz, auf die wiederum die in gerader Richtung verlängerte Zimmerstraße stieß. In der Achse der letzteren sollte sich das neue Reichstagsgebäude erheben, das dann aber schräg zur Königgrätzer Straße gestanden hätte. Ein zweiter Vorschlag versuchte diesen Schönheitsfehler zu vermeiden, indem er die verlängerte Zimmerstraße im rechten Winkel auf die Königgrätzer Straße zulaufen ließ. Nördlich dieser platzartig ausgebildeten Einmündung hätte sich der Ort für den Reichstag befunden, dem die geplante Nordsüd-Straße schräg zugeführt worden wäre. Die von dieser Straße nicht eingenommenen nördlichen Teile der Grundstücke von Herrenhaus und Porzellanmanufaktur waren in beiden Varianten für den Preußischen Landtag vorgesehen. Beide Lösungsmöglichkeiten beanspruchten aber weit mehr Raum als ursprünglich vorgesehen. Insbesondere hätten sie tiefgreifende Eingriffe in den Park des Prinzen Albrecht bedingt, was sich sehr schnell als unmöglich erwies. Auch der an sich vernünftige Straßenanschluß an die Leipziger Straße mußte fallengelassen werden, da die Anwesenheit von Herrenhaus und provisorischem Reichstag auf dem dafür in Frage kommenden Gelände mögliche Einzellösungen für Reichstag oder Landtag gegenseitig blockierte. Auf ein realistisches Maß zurückgeschraubt, beschränkten sich die Planungen von nun an zumeist auf eine gerade Verlängerung der Zimmerstraße (was als einziges beschlossene Sache war) und auf die bauliche Erschließung der sie unmittelbar berührenden Teile der Grundstücke des Herrenhauses, der Porzellanmanufaktur und des Landwehr-Zeughauses. Alle drei waren in Staatsbesitz und schienen somit frei zur Disposition zu stehen. Daß die verlängerte Zimmerstraße den Garten des Kriegsministeriums durchschneiden mußte, erschien ebenfalls unproblematisch, was sich später – ebenso wie beim Landwehr-Zeughaus, das sich auch im Besitz des Militärfiskus befand – als folgenschwerer Irrtum erweisen sollte.

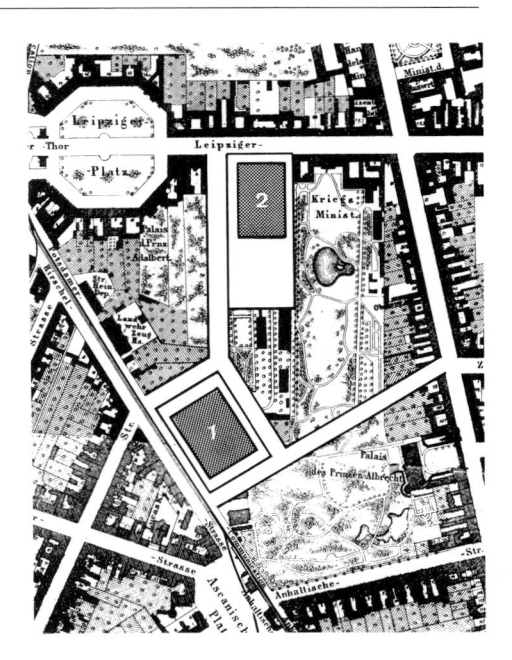

Ganz offensichtlich herrschte hier ein Kompetenz- und Planungswirrwarr vor, der noch verstärkt wurde, als das preußische Handelsministerium, das ja noch die direkte Verfügungsgewalt über das Terrain der Porzellanmanufaktur hatte, 1872 die verlängerte Zimmerstraße endgültig als Standort für die Neubauten sowohl der Gewerbeakademie als auch des Gewerbemuseums, des späteren Kunstgewerbemuseums, bestimmte. Aber auch diese Planungen zogen sich über Jahre hin, und so wurde das Gelände mit einem weiteren Provisorium angereichert. In den ehemaligen Fabrikationsräumen der Manufaktur, die direkt an das provisorische Reichstagsgebäude stießen, nahm 1873 das Gewerbemuseum seinen Sitz, das bis dahin mehr schlecht als recht im ehemaligen Gropiusschen Diorama in der Georgenstraße untergebracht war. Der Zugang zu seinen neuen Räumlichkeiten lag an der Königgrätzer Straße, es war also vom Stadtzentrum nur auf umständlichen Wegen erreichbar – eine für das noch junge Museum höchst unbefriedigende Situation, zumal der Zustand der Gebäude sich nicht gerade ansprechend darstellte. Allerdings brauchte das Gewerbemuseum nur acht Jahre zu warten, um sein endgültiges Haus zu beziehen, der Reichstag mußte immerhin ein Vierteljahrhundert an seinem „provisorischen" Ort verbleiben.

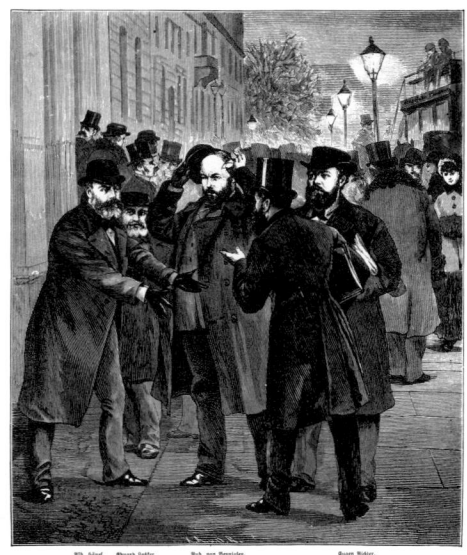

## 1871–1909

**Erdgeschoss:**
A. Kriegministerium. B. Herrenhaus.
1. Vestibül. 2. Foyer. 3. Sitzungs-Saal. 4. Korridore. 5. Bundesrath und Reichkanzler. 6. Präsident. 7. Schriftführer. 8. Stenographen. 9. Garderobe. 10. Restauration. 11. Portier. 12. Post und Telegraphie. 13. Durchfahrten. 14. Treppe zur Hofloge. 15. Billet-Ausgabe und Treppe zur Tribüne für das Publikum. 16. Ställe etc. 17. Klosets. 18. Ventilation-Schacht.

Fig. 179. Zweites Stockwerk.

**Erster Stock:**
1. Tribünen für das Publikum. 2. Reservirte Tribünen. 3. Journalisten-Tribüne und -Zimmer. 4. Hofloge und Salon zu derselben. 5–7. Bibliothek mit Lese- und Schreibzimmern. 8, 9. Bureau-Lokale. 10. Kommission-Zimmer. 11. Geschäftsräume des Bundesraths.

**Zweiter Stock:**
1. Abtheilungs- und Kommission Zimmer. 2. Retiraden.

Das Provisorische Reichstagsgebäude auf dem Gelände der Porzellanmanufaktur, Leipziger Straße 4
1) Ansicht
2) Grundrisse
3) Einige Abgeordnete beim Verlassen des Gebäudes, 1882

## Leipziger Straße 4
### Der provisorische Reichstag

Die Gründung des Deutschen Reiches, 1871, durch den Sieg über Frankreich und durch die daraufhin erfolgte Verbindung der süddeutschen Länder mit dem Norddeutschen Bund, sowie die Ausrufung Kaiser Wilhelms I. zum Deutschen Kaiser machten den Neubau eines Parlamentsgebäudes notwendig.

Selbstverständlich kam auch zunächst nur ein Provisorium in Frage, wegen der viel größeren Anzahl von Abgeordneten (397) konnte das Preußische Abgeordnetenhaus nicht mehr verwendet werden. Der Reichstag ging aus allgemeinen, direkten und geheimen Wahlen hervor, die Zusammensetzung des Preußischen Landtages wurde dagegen noch immer nach dem Dreiklassenwahlrecht ermittelt.

Die Wahl für das auf wenige Jahre veranschlagte Provisorium fiel auf das Grundstück der ehemaligen Porzellanfabrik, deren vorhandene Gebäude weitgehend benutzt und hauptsächlich durch den neuen Sitzungssaal miteinander verbunden wurden. Unter der Oberleitung von Friedrich Hitzig arbeiteten auch die Architekten Martin Gropius und Heino Schmieden. Die außergewöhnlich knapp bemessene Bauzeit (4 1/2 Monate) und der provisorische Charakter legten die Verwendung leichter zu bearbeitender Baumaterialien nahe, so wurden große Teile der Wand- und Dachkonstruktion in Holz ausgeführt.

**Mobilitektonischer Vorschlag.**

Um einerseits dem immer dringender werdenden Bedürfniß nach einem Parlamentsgebäude zu genügen, und andererseits den locomobilen Ansichten des Kanzlers Rechnung zu tragen, sollte man doch Reichs- und Landtagsgebäude auf Rollen herstellen!

1) aus: Bismarck-Album des Kladderadatsch, Berlin 1893
2) Der Sitzungssaal des provisorischen Reichstagsgebäudes
3) Schnitt durch das provisorische Reichstagsgebäude

Interesse darf auch die Beleuchtung des insgesamt etwa 800 Personen fassenden Versammlungsraumes beanspruchen. Auf dem Schnitt ist zu erkennen, daß über das schiefe Glasdach Wagen geschoben werden konnten, an denen die Gasbrenner mit neusilbernen Reflektoren angebracht waren. Innerhalb des Saales gab es keine Lampen, das Licht kam immer durch die gleiche Deckenöffnung. Während der Bauzeit – es wurde Tag und Nacht gearbeitet – nutzte man mit „gutem Erfolg" elektrisches Licht.

Schon nach wenigen Jahren, 1874, mußte der an der Straße liegende Trakt erneut umgebaut und erweitert werden, bei dieser Gelegenheit wurde die ganze Straßenfassade erneuert. Die Quaderung wurde aus Putz modelliert, die Mittelgruppe über dem Eingang nach einem Modell von Rudolph Siemering in Zink ausgeführt.

Mehr als zwanzig Jahre vergingen, bis der Deutsche Reichstag das neue Gebäude von Paul Wallot am Königsplatz beziehen konnte.

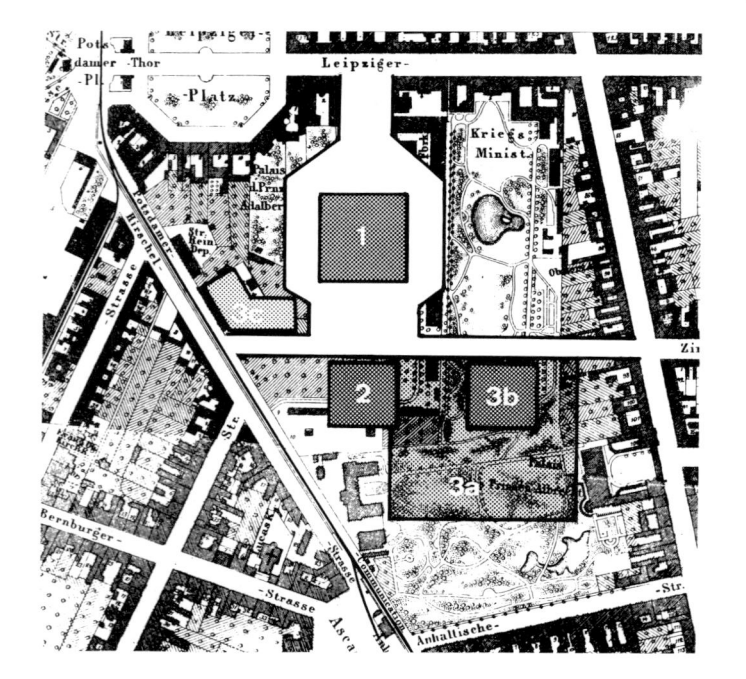

# 1871–1909

Situationsskizze zu den Planungen von 1873, eingezeichnet in den Liebenow-Plan von 1867
(1) Reichstag nach Lucae, 1873
(2) Gewerbeakademie nach Lucae, 1873
(3) Gewerbemuseum
a) nach dem Schinkelwettbewerb 1872/73
b) nach Lucae, 1873
c) nach Gropius und Schmieden, 1872

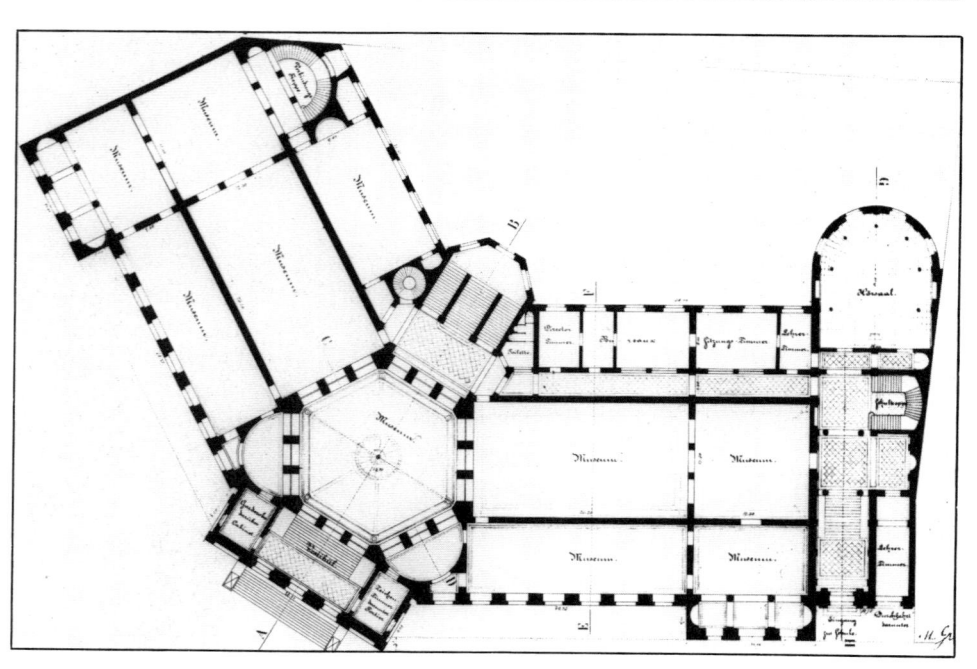

Martin Gropius, Entwurf für ein Kunstgewerbemuseum, 1872
1) Ansicht über Eck
2) Grundriß

## Preußische Planungen: Reichstag und Gewerbeakademie

Obwohl 1872 bereits der erste Wettbewerb um das Reichstagsgebäude veranstaltet worden war, der als (dann später auch tatsächlichen) Bauplatz das Grundstück des Palais Raczynski am Königsplatz vorgesehen hatte, war in der vom Reichstag selbst als „dringendstes Bedürfnis" bezeichneten Frage in keiner Weise eine Entscheidung gefallen. Im Gegenteil, die damals von Bundesrat und Reichstag eingesetzte Kommission, der die Architekten Friedrich Hitzig und Richard Lucae als Sachverständige beigeordnet waren, hatte sich im Kreis bewegt und war wieder am Ausgangspunkt der Diskussion angelangt. So hatte Lucae in ihrem Auftrag im Frühjahr 1873 einen Entwurf ausgearbeitet, der wieder auf das Porzellanmanufaktur-Terrain zurückgriff, wobei der zukünftige Reichstagsbau nun aber auf jeden Fall mit den oben erwähnten und 1872 beschlossenen Neubauten der Gewerbeakademie und des Gewerbemuseums in Beziehung gesetzt werden mußte. Der Zweifelhaftigkeit eines solchen Unterfangens war sich Lucae durchaus bewußt. Man hielt ihn aber für den geeigneten Mann, da er zur gleichen Zeit als Mitglied der Ober-Baudeputation und dann als Direktor der Bauakademie auch mit dem Neubau der Gewerbeakademie beauftragt worden war. Richard Lucaes Entwurf ist leider nur in einer recht summarischen Besprechung überliefert, die überdies in der Frage des Gewerbemuseums unklar blieb. Die „Deutsche Bauzeitung" schrieb dazu: „Desto günstiger haben sich – wenn auch nur vorläufig innerhalb der Kommission – die Ansichten über die Verwendbarkeit des Terrains hinter dem gegenwärtigen Provisorischen Reichstagshause gestellt, für dessen Benutzung Hr. Professor Lucae eine Situations-Skizze entworfen und vorgelegt hat. Wir drucken, zugleich als eine charakteristische Probe des Geschmackes, mit dem in Berlin bei solcher Gelegenheit Huldigungen dargebracht werden, den bezüglichen in andere Blätter übergegangenen Bericht der ‚Volkszeitung' ab, in welchem dieses Projekt beschrieben wird. ‚Obschon ein Gegner dieses Platzes, hatte der geniale Architekt sich mit ganzer Liebe in seine Aufgabe vertieft und hatte, wie alle Anwesenden anerkannten, eine meisterhafte Lösung gefunden. Nach derselben würde freilich das ganze jetzige Herrenhaus niedergelegt werden müssen. An seiner Stelle würde ein Zugang von der Breite der Linden sich gegen die Leipziger Straße öffnen, dann ein aus dem Terrain des jetzigen Herrenhausgartens und dem Raum der von dem jetzigen Reichstagsgebäude nicht eingenommenen Hintergebäuden der Porzellanmanufaktur gewonnener Platz sich anschließen, auf dessen Mitte das Reichstagshaus sich erhebt; parallel mit der Leipziger Straße würde dieser Platz auf der anderen Seite durch eine Verlängerung der Zimmerstraße begrenzt werden, die dann in die Königgrätzer Straße mündet. In dieser Straße würde in der Mitte, gegenüber dem Reichstagshaus, der stattliche Bau der künftigen Gewerbe-Akademie sich anschließen, seitwärts sich noch Raum für das Gewerbe-Museum und auf dem Terrain des Gartens des Kriegsministeriums sich Erweiterungsbauten des letzteren erheben können. So sehr mehrere der anwesenden Kommissions-Mitglieder die treffliche Art der Lösung anerkannten, setzten dieselben aber doch den Einwand entgegen, daß dieser Platz immerhin den Anforderungen, die man in architektonischer Hinsicht an die Stellung des Reichstagshauses knüpfen müsse, nicht erfüllte . . . , denn immer werde man eine wirklich dominierende Lage des Reichstagshauses, die sich schon von weither erkennen ließe, hier vermissen, so architektonisch schön auch der Platz durch die monumentalen Gebäude, die ihn rings umgeben sollen, ausgestattet werde, immer behalte das Ganze etwas abgeschlossen Klösterliches, das für ein Gebäude, in welchem das gesamte öffentliche Leben der Nation gewissermaassen pulsieren solle, wenig geeignet erscheine."

Neben diesem grundsätzlichen Mangel wurde insbesondere die (durch die un-

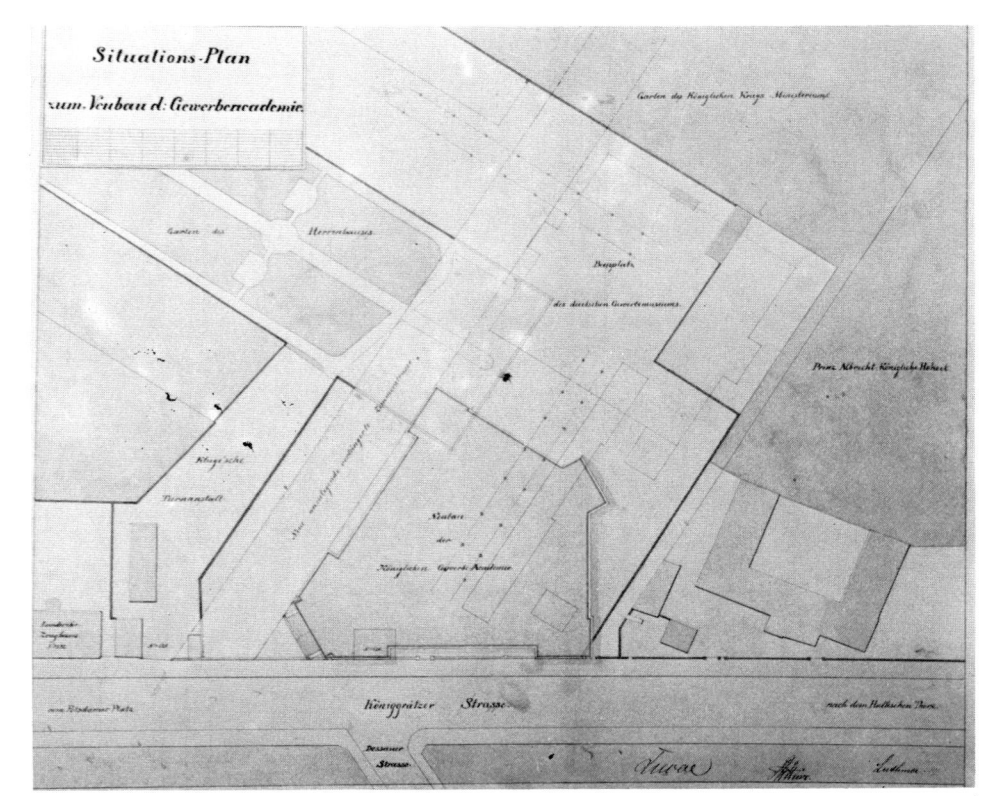

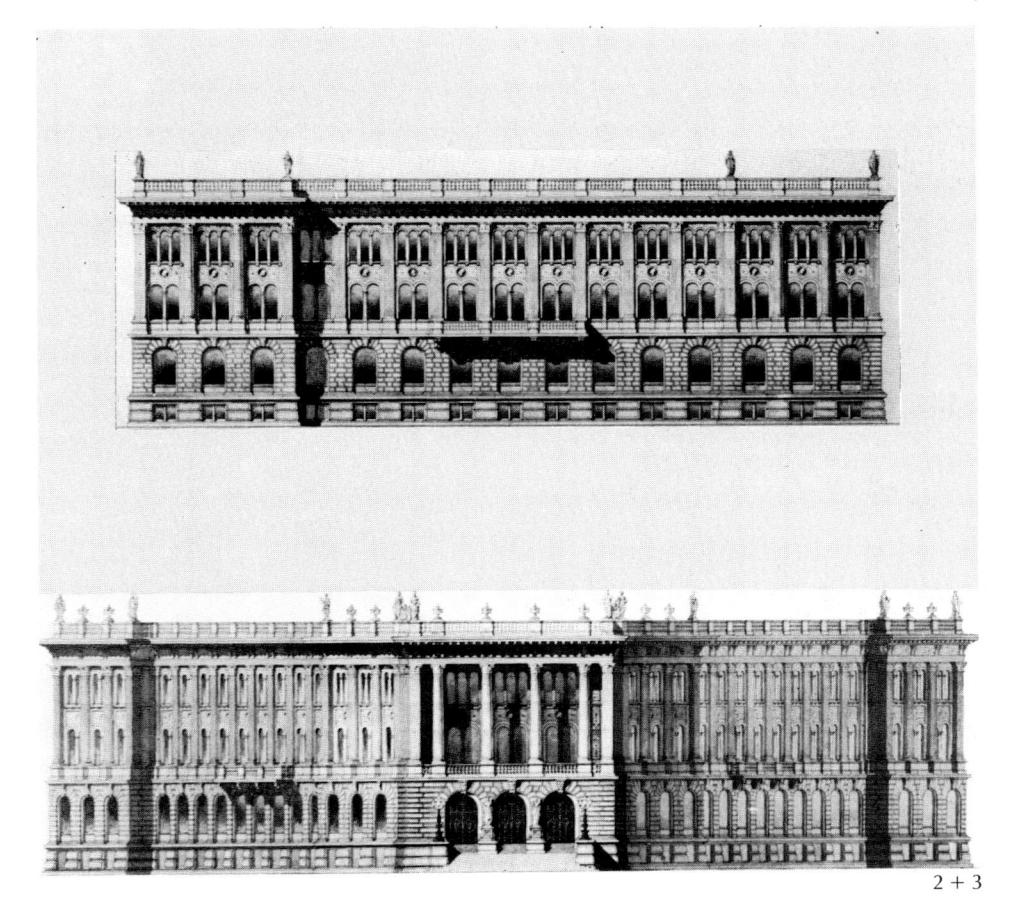

Richard Lucae, Entwurf für die geplante Gewerbeakademie, 1876
1) Lageplan
2) Straßenansicht
3) Ansicht über Eck

koordinierten Planungen der verschiedenen Staatsbehörden bedingte) Kombination dreier Gebäude völlig verschiedener Nutzung der Kritik unterzogen – unter anderem auch mit dem Argument, daß die Nähe des Reichstages die Wohnraumpreise in für Studierende der Gewerbeakademie unerschwingliche Höhen treiben würde. Ferner wurde darauf hingewiesen, daß zu einer städtebaulichen Ausgestaltung des Platzes, der den Reichstag umgeben sollte, noch weitere Grundstücke neben den zur Verfügung stehenden angetastet werden müßten. Und schließlich erschien es einigermaßen unverständlich, daß dem Gewerbemuseum das südlich der verlängerten Zimmerstraße gelegene Gelände des Kriegsministeriums zugewiesen war, das schon längst nicht mehr zur Disposition stand. Lucae hatte hierbei aber offensichtlich Vorschläge aus dem Schinkelwettbewerb 1872/73 zu integrieren versucht, in dem der Architektenverein den Entwurf eines Gewerbemuseums mit genau diesem Standort als Aufgabe gestellt hatte – eigenartigerweise mit einem völlig überdimensionierten Bauplatz, der auch noch den größten Teil des Prinz-Albrecht-Gartens beanspruchte. Den in den Wettbewerbsbedingungen vorgegebenen Nutzungsflächen nach hätte der Bau selbst allerdings nur einen Bruchteil des Geländes eingenommen.

Nun existierte aber ein detaillierter Entwurf für das Gewerbemuseum, den Martin Gropius und Heino Schmieden Ende 1872 im Auftrag des Handelsministeriums ausgearbeitet hatten. Er war zur Vorlage im Preußischen Abgeordnetenhaus bestimmt, gelangte aber dort nicht mehr zur Besprechung. Es ist nicht bekannt, warum dieser Entwurf so schnell – bereits Anfang 1873 – als erledigt galt; dafür mitentscheidend dürfte der vorgesehene Standort gewesen sein: die nördliche Ecke der Einmündung der neuen Zimmerstraße in die Königgrätzer Straße. Konnte der Geländestreifen, der den Herrenhausgarten mit der letzteren verband, und auf dem sich die Klugesche Turnanstalt befand, ohne Probleme genutzt werden, so gab man sich über die Verfügbarkeit des Landwehr-Zeughauses angesichts des Verhaltens des Kriegsministeriums in dieser Frage keinen Illusionen mehr hin. Richard Lucae hat daher in seinem Bebauungsplan den

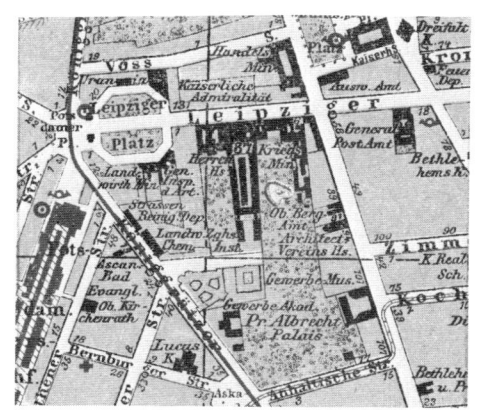

Ausschnitt aus: Plan von Berlin, August 1876, bearbeitet und herausgegeben von Julius Straube

Gropiusschen Entwurf nicht berücksichtigt. Trotzdem hat dieser Wirkung gezeigt. Bedingt durch die schiefwinklige Ecklage, war das Projekt von zwei jeweils an den beiden Straßen gelegenen Flügelbauten bestimmt, während als Verbindungsgelenk ein Mittelbau mit großem Lichthof und der Treppenanlage diente. Diese Grundkonzeption hat dann in Lucaes zweitem Entwurf für die Gewerbeakademie von 1876 und damit in das Völkerkundemuseum Eingang gefunden.

Ähnliches läßt sich auch von Lucaes Plan von 1873 selbst sagen, der sich in modifizierter Form in der späteren tatsächlichen Bebauung wiedererkennen läßt. Zunächst machte diese Angelegenheit für zwei Jahre allerdings keine Fortschritte. Der Reichstag hatte zwar 1874 noch einmal mit knapper Mehrheit für das Terrain der Porzellanmanufaktur votiert, der Beschluß wurde aber bald – und nun für immer – wieder rückgängig gemacht. So blieb eigentlich nur noch der Bau der Gewerbeakademie am Ort im Gespräch, wofür Richard Lucae zu Beginn des Jahres 1875 einen bis in die Einzelheiten gehenden Entwurf vorlegte, der erhalten ist. Wie beinahe zu erwarten, war auch diesem keine lange Lebensdauer vergönnt, denn noch im selben Jahr wurde der für die Gewerbeakademie vorgesehene Bauplatz endgültig für den Bau des Gewerbemuseums bestimmt. Der bekannte, von Martin Gropius 1875 ausgearbeitete Entwurf für das Museum entsprach bis auf einige Details dem dann tatsächlich ausgeführten Gebäude. Die Gewerbeakademie dagegen sollte nun westlich davon auf dem südlich der Einmündung der verlängerten Zimmerstraße in die Königgrätzer Straße gelegenen Eckgrundstück errichtet werden. Hatte Gropius für sein Museum die (letztendlich auf Schinkels Bauakademie zurückgehende) Konzeption – ein sich auf fast quadratischem Grundriß frei erhebender Kubus – aus dem ersten Entwurf Lucaes für die Gewerbeakademie übernommen, so berief dieser sich in seinem zweiten, für den neuen Standort bestimmten Akademieprojekt (1876) in einigen grundsätzlichen Zügen auf Gropius' Museumsplan von 1872.

Das leidige Planungskarussell schien nun endlich zum Stillstand gekommen zu sein, denn die geschilderte Situation fand sich in dem 1876 herausgegebenen Berliner Stadtplan von Straube wieder. Und dies sogar einschließlich eines zur Gewerbeakademie gehörenden Chemischen Laboratoriums, das dieser gegenüber auf der nördlichen Seite der Zimmerstraße unmittelbar neben dem alten Landwehr-Zeughaus lag. Für das Laboratorium hatte seit 1873 ein ebenfalls von Lucae stammender Entwurf vorgelegen. Die Öffentlichkeit mußte sich aber eines Besseren belehren lassen. Noch 1876 wurde die Zusammenlegung der Gewerbeakademie mit der Bauakademie zu einem Polytechnikum, der späteren Technischen Hochschule, beschlossen, die in Charlottenburg errichtet wurde – nach Plänen Richard Lucaes. Der Neubau einer Gewerbeakademie war damit hinfällig geworden. An ihrer Stelle sollte sich dann das Völkerkundemuseum von Ende und Böckmann erheben.

Ende der siebziger Jahre gab das Kriegsministerium eine weitere Probe seiner destruktiven Haltung. An der Stelle des Landwehr-Zeughauses ließ es damals durch August Busse die General-Militärkasse erbauen, was allgemein auf Empörung stieß. Nicht nur, daß ihr längst überholter „Geheimbaurathstil" sogar als widerwärtig bezeichnet wurde, ihre Lage machte alle weiteren städtebaulichen Lösungen zunichte. Obwohl ein Grundstückstausch mit dem danebenliegenden ehemaligen v. Arnimschen Regiments-Lazarett, das sich in kommunaler Hand befand und als Straßenreinigungs-Depot genutzt wurde, möglich gewesen wäre, bildete nun eine riesige Brandmauer den nördlichen Abschluß einer Straße, die auf ihrer südlichen Seite ihre Bestimmung durch bedeutende Kulturbauten gefunden hatte.

1871—1909

1
1) Das Kunstgewerbemuseum von Martin Gropius und Heino Schmieden, Ansicht von Norden, 1881
2) Portal des Kunstgewerbemuseums

**Das Kunstgewerbemuseum**

Die „Baugewerks-Zeitung" berichtet im Jahrgang 1881 unter dem laufenden Titel „Berliner Neubauten" über das Kunstgewerbemuseum:
„Nachdem im April 1877 der Grundstein zu dem Kunstgewerbe-Museum auf der Südseite der Zimmerstraße gelegt worden war, ist nunmehr das Gebäude in der kurzen Zeit von vier Jahren vollständig fertiggestellt worden und zwar in einer Weise, welche Allen, die an diesem Werke thätig gewesen sind, zur hohen Ehre gereicht. Durch diesen Bau hat unser Bau- und Kunsthandwerk bewiesen, daß es vollkommen auf der Höhe der Zeit steht.
Auf einem mäßig hohen Sandstein-Sockel mit einer Plinthe aus belgischem Granit erhebt sich der Bau in 3 Geschossen, welche in der Hauptfront, die nach Norden liegt, je 7 und an den beiden Seitenfronten je 8 dreitheilige Fenster enthalten; die Front nach Süden enthält

Martin Gropius und Heino Schmieden, Vorentwurf für den großen Lichthof des Kunstgewerbemuseums

6 Fenster und in der Mitte ein Risalit, in welchem sich die Haupttreppe befindet. Die Grundzüge des architektonischen Aufbaues sind im griechischen Styl gehalten, während in der Detailbildung die Renaissance zur Geltung kommt. In der Mitte der Hauptfront befindet sich eine prachtvolle, auf korinthischen Säulen und Pfeilern ruhende Halle, welche von einem Giebel gekrönt ist, der einen herrlichen vom Bildhauer Siemering ausgeführten plastischen Schmuck, den erfindenden und ausführenden Künstler darstellend, erhalten hat, während auf den Wangen der Freitreppe die vom Bildhauer Sußmann-Hellborn ausgeführten Kolossalstatuen der Altmeister der deutschen Kunst, Peter Vischer und Hans Holbein, aufgestellt sind. Die Vorhalle und sämmtliche architektonische Gliederungen des Gebäudes sind theils aus thüringischem, theils aus schlesischem Sandstein aus den Brüchen von Seebergen beziehungsweise Warthau und Rackwitz hergestellt.

Die Flächen des Gebäudes sind in Laubaner Ziegeln verblendet und durch Streifen aus Backsteinschichten mit flachem Relief, modellirt vom Bildhauer Behrendt, sehr glücklich belebt; im Übrigen ist die Façade durch schöne Friese (von Siemering, Lessing und Brunow) aus gebranntem Thon von gelblicher Färbung unter den Fensterbrüstungen, sowie durch herrliche farbige Glasmosaiken von Salviati und der Compagnia Venezia-Murano auf Goldgrund und farbige Thonreliefs vortrefflich geschmückt und zwar stellen die aus Umrahmungen von farbiger Majolika hervorleuchtenden Glasmosaiken des obersten Stockwerkes die in der Geschichte des Kunsthandwerks hervorragendsten Zeiten und Länder dar. Es sind dies an der Hauptfront von Westen nach Osten aufeinander folgend: China, Ägypten, Indien, Persien, Rom, die romanische Kunst, die Gothik und die Renaissance, die vier ersten von Ewald, die übrigen von Geselschap. An diese Darstellungen schließt sich in dem anstoßenden Eckfeld der westlichen Front die von Geselschap besonders wirksam komponirte altgriechische Kunst, während der andere Eckpfeiler derselben Front durch die Wiederholung der chinesischen Kunst dekorirt ist. An den diesen beiden Feldern entsprechenden Ecken der Ostfront wiederholen sich die griechische und die Renaissancekunst. Die übrig bleibenden 7 Felder der Ost- und Westfaçaden sind durch farbige von Noack modellirte, in der Fabrik von March ausgeführte Thonreliefs ausgefüllt, eine weibliche Figur in verschiedenen Stellungen mit Rankenwerk umgeben darstellend.

Das ganze Gebäude, welches ein Quadrat mit 69,5 m langer Seite bildet, ist von einem mächtigen von Konsolen getragenen Hauptgesims aus farbig glasirter Terracotta von March in Charlottenburg gekrönt und erreicht das Gebäude bis zur Oberkante desselben eine Höhe von 26,2 m.

Als besondern und ganz eigenartigen Effekt wollen wir die aus Eisen in der Gießerei zu Seesen nach den Modellen von O. Lessing gegossenen bronzirten Sphinxbüsten erwähnen, welche im ersten und zweiten Stockwerk den die Fenster theilenden beiden Pfeilern als Kapitäle dienen, sowie die beiden herrlichen Fahnenstangen zu beiden Seiten der Mittelbaues der Hauptfront.

Die beigegebene Perspektive, welche der Festschrift zur Eröffnung des deutschen Gewerbemuseums entnommen ist, stellt die Nord- und Ostfront dar.

Durch eine Freitreppe oder zwei seitliche Rampen kommt man zur Vorhalle und in das wenige Stufen höher gelegene Vestibul. Von hier gelangt man durch drei Glasthüren zu dem, den Kernpunkt des ganzen Gebäudes bildenden 30,10 m breiten und 25,10 m tiefen Lichthof. Um denselben ziehen sich in zwei Geschossen Umgänge von 4,24 m Breite, welche auf Pfeilern von bayrischem Syenit mit Zinkkapitälen und Zinkgurtungen ruhend mit böhmischen Kappen überwölbt sind.

Dieser Lichthof ist als großartiger Festraum gestaltet, über den sich das Glasdach wie ein prächtiger Teppich ausbreitet. Dieses Dach, welches an den Rändern mit farbigen Glasstreifen versehen ist, wird in der Mitte durch ein reich verziertes bewegliches Velum verdeckt, welches den Zweck hat, den Raum gegen die direkten Sonnenstrahlen zu schützen.

Von dem Glasdach durch eine Glasmosaikborte getrennt, befindet sich ein als Voute ausgebildeter Friesstreifen in flachem Relief von Geyer & Hundrieser modellirt und von Schaller ausgemalt. Er stellt die Überbringung von Festgaben aller Zeiten und Völker an die thronende Borussia dar.

In der Axe des Lichthofes liegt die Haupttreppe. Dieselbe ist, wie sämmtliche Nebentreppen, feuersicher konstruirt, und zwar aus Backsteinwölbungen mit Marmorbekleidung. Während das vordere Treppenhaus farbige Glasfenster und gemalten Medaillons, welche die Portraits von Cellini, Dürer und L. della Robbia enthalten, zeigt, sind die Fenster der Haupttreppe nur provisorisch verglast, da dieselben bestimmt sind, die lebens-

Schnitt und Teilansicht von Umgang und Lichthof des Kunstgewerbemuseums

großen Figuren der Protektoren des Kunstgewerbemuseums in reichster Ausmalung aufzunehmen.

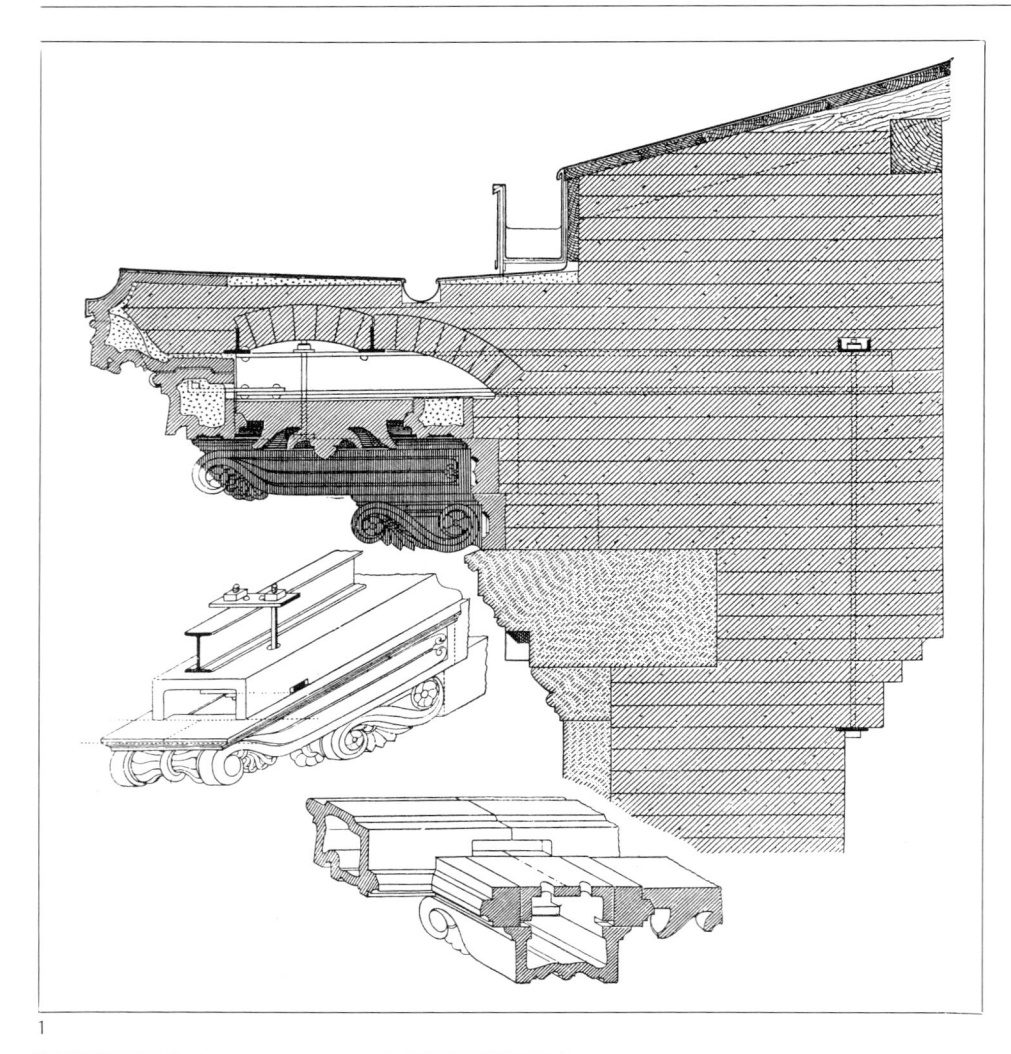

Im Übrigen haben beide Treppen sowie die Vestibüle vorläufig nur einen lichten Anstrich erhalten, um später in einer den übrigen Räumen entsprechenden Weise ausgebildet zu werden.

Sowie im Erdgeschoß, das 6,5 m lichte Höhe hat, die nach Osten, Westen und Süden an den Lichthof sich schließenden Räumlichkeiten zu Ausstellungszwecken ausgenutzt sind, während nach Norden die Verwaltungsräume und die Bibliothek liegen, sind auch die nach diesen Himmelsgegenden belegenen Räume des ersten Stockwerks, welches 7,5 m im Lichten hoch ist, für die Ausstellungsobjekte vorbehalten, die nach Norden belegenen Zimmer aber zu Tagesklassen und Ateliers verwendet worden.

Das zweite Stockwerk, welches eine lichte Höhe von 5,8 m hat, ist dagegen ganz für Unterrichtszwecke eingerichtet, nur liegen hier die Tagesklassen und Ateliers nach Norden, die Klassen für den Abendunterricht aber an den 3 übrigen Fronten vertheilt.

Das Kellergeschoß, welches eine lichte Höhe von 4 m hat, enthält sieben Klassen- und Atelierräume für den Modellirunterricht und drei Säle für die Sammlung der Gypsabgüsse, sodann die Gypsgießerei, zwei Werkstätten, 4 Beamtenwohnungen, das Restaurationslokal und mehrere Magazine und Betriebsräume; eine Durchfahrt von 4,25 m Breite durchschneidet das Kellergeschoß von Osten nach Westen, und werden dadurch die inneren Räume für die Anfuhr von Materialien etc. zugänglich gemacht.

Während die Decken der Korridore massiv überwölbt sind, haben die Sammlungssäle eine in eisernen Trägern ruhende Gipsgußdecke erhalten, und zwar hat man letztere Decken derart hergestellt, daß man zwischen die eisernen Träger negative Leimformen brachte und von oben den Gips in diese goß. War der Gips gehörig fest geworden, so wurden die Formen abgenommen und blieb so das gewünschte Ornament zwischen den Trägern stehen. Die eisernen Träger sind an ihren unteren Flanchen nicht verkleidet, sondern sind dieselben mit Ornamenten bemalt worden, wobei die Nietköpfe besonders geschickt benutzt wurden, indem sie meistentheils zu den

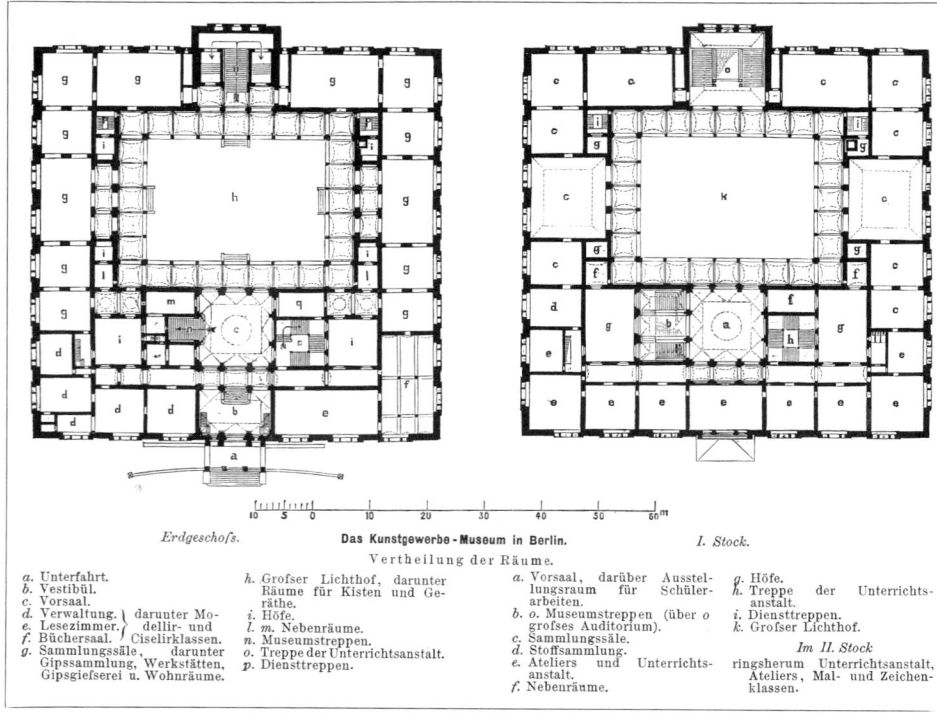

1) Konstruktionsdetails des Hauptgesimses am Kunstgewerbemuseum
2) Grundrisse des Kunstgewerbemuseums

Mittelpunkten der Flechtbänder verwendet wurden. Die zu den Unterrichts- und Verwaltungszwecken dienenden Räume haben Balkendecken erhalten.

Während die zur Aufnahme der Sammlungen bestimmten Zimmer nur einen mäßigen Schmuck erhalten haben – die Wände sind theils in Leimfarbe gemalt, theils mit mehrfarbigen Tapeten versehen – haben die beiden in der Mitte der Ost- und Westseite des Lichthofes liegenden Ausstellungsräume des ersten Stockwerkes, von denen der erstere für Majolika, der letztere für die Gold- und Silbergeräthe bestimmt ist, eine besondere Ausbildung erfahren. In dem Majolikasaal, der von Meurer ausgemalt ist, klingen die dekorativen Motive an die Majolikamalerei von Urbino; alle Darstellungen und Embleme beziehen sich auf die keramische Kunst. In den Hauptfeldern erscheinen die Büsten von Rafael, Palissy, Wedgwood und Martin Gropius. Der westliche Saal ist von Schaller ausgemalt. Der Fries enthält vier längliche Bilder und zwar Gruppen von Idealgestalten, die sich um je eine liegende Hauptfigur aufbauen. Reiche Vouten, von Lessing und Eberlein modellirt, bringen eine ganz prächtige Wirkung in diesen beiden Räumen hervor.

Die Dächer des Gebäudes sind mit Wellenblech, die Oberlichter mit Spiegelrohglas eingedeckt.

Die Fußböden der Verwaltungs-, Sammlungs- und Schulräume und der Bibliothek sind aus amerikanischem Fichtenholz hergestellt, für den Lichthof und in den Galerien sind dagegen Fliesen und in den beiden Vestibulen Terrazzo zur Verwendung gekommen.

Der Plan zu diesem Gebäude ist von den Herren Architekten Gropius und Schmieden entworfen und haben diese Herren den Bau in künstlerischer und technischer Beziehung geleitet, während die spezielle Bauausführung Herr Baumeister Radler bewirkt hat."

Vor den Schätzen der Königin von England.

1) Die erste Ausstellung im neuen Kunstgewerbemuseum
2) Hermann Dietrichs nach Christian Wilberg, Blick in den Innenhof des Kunstgewerbemuseums, in dem indische Kunstschätze ausgestellt sind

Das Völkerkundemuseum von Hermann Ende und Wilhelm Böckmann, erbaut 1880–86
1) Eckansicht
2) Der Lichthof des Völkerkundemuseums
3) Eckansicht aus der Prinz-Albrecht-Straße, links das Kunstgewerbe-Museum

## Das Völkerkundemuseum

Der spitzwinklige Bau des Völkerkundemuseums von Hermann Ende und Wilhelm Böckmann erhob sich zwischen dem Kunstgewerbemuseum und der heutigen Stresemannstraße auf einem Platz, der zunächst für die Gewerbeakademie gedacht war. Noch vor Beendigung des Kunstgewerbemuseums wurde mit dem Neubau begonnen, zeitweise wurde sogar an eine Ergänzung dieses Standortes (neben der Museumsinsel und den naturgeschichtlichen Museen in der Invalidenstraße) durch weitere Museumsbauten gedacht. Wie bei fast allen Sammlungsgebäuden erwies sich auch dieser 1886 eingeweihte als zu klein, ein Problem, das durch Verlegung einer Abteilung lösbar erschien. Im Erdgeschoß waren die vor- und frühgeschichtlichen Funde aus der Mark Brandenburg und die trojanischen Ausgrabungen Heinrich Schliemanns ausgestellt, im ersten und zweiten Stockwerk die ethnologischen Sammlungen aus Afrika, Asien, Amerika und Ozeanien. Die Räume waren bewußt einfach ge-

1871—1909

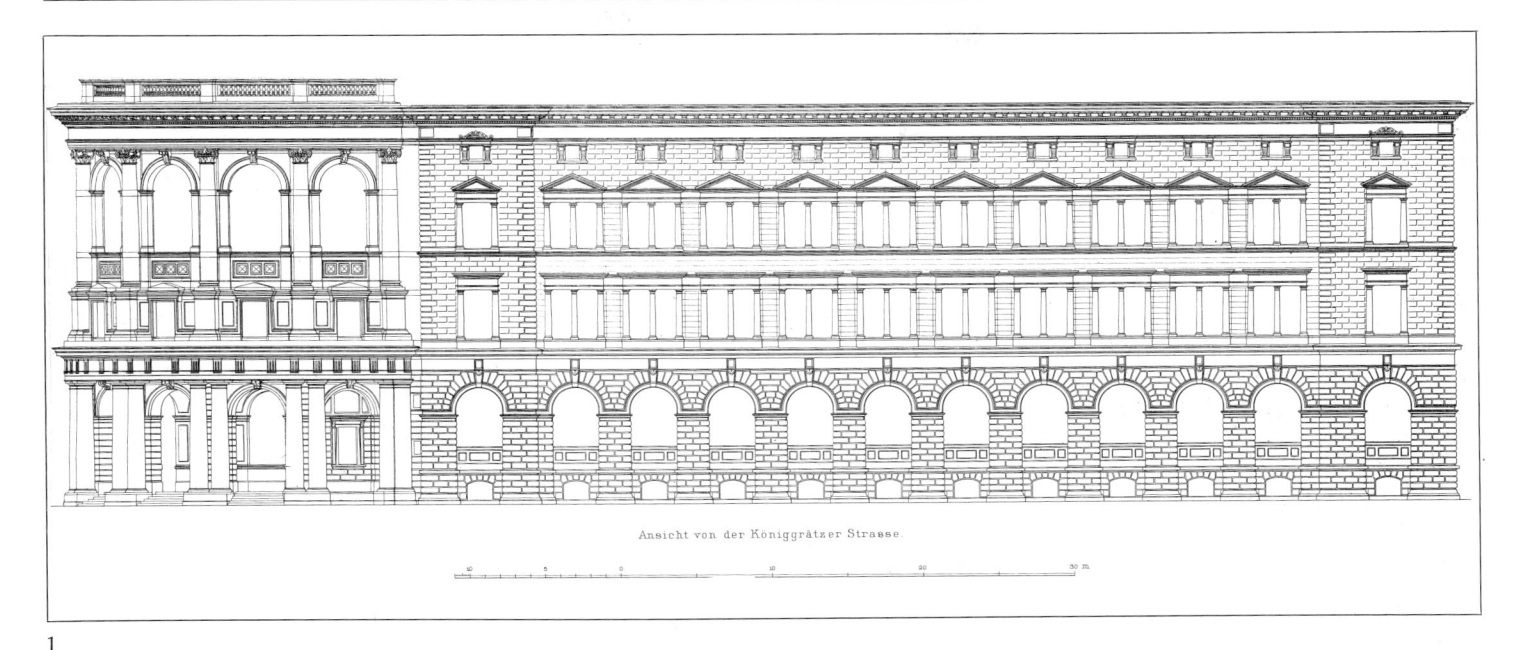

1

Das Völkerkundemuseum von Hermann Ende und Wilhelm Böckmann
1) Fassadenriß
2) Grundriß

2

staltet, um die Objekte (vielfach des täglichen Gebrauchs) nicht zu übertrumpfen.

Die Architekten lösten das von dem unregelmäßigen Grundstück ausgehende Problem durch einen mächtigen — häufig als zu bestimmend empfundenen — Rundbau, der den Winkel zwischen den beiden eigenständigen Straßenfassaden vermittelt. Eine ähnliche Lösung wurde später für das heutige Bode-Museum verwendet. Im Äußeren unterschied sich der Bau wesentlich von dem benachbarten Kunstgewerbemuseum. Wenn auch in beiden Fällen die Renaissance als Vorbild gedient hatte, so war diese bei dem Bau von Gropius und Schmieden durch die Überlieferung der Berliner Schule verändert und wesentlich durch Backstein und Terrakotta als Baumaterialien bestimmt, der Bau von Ende und Böckmann dagegen trug schon deutliche Züge des damals in Mode kommenden Barock. So ist das Völkerkundemuseum, das seine Existenz und herausragende Bedeutung nicht zuletzt der aggressiven deutschen Kolonialpolitik verdankte, auch äußerlich durch eine vollständige Natursteinverkleidung „ausgezeichnet" gewesen.

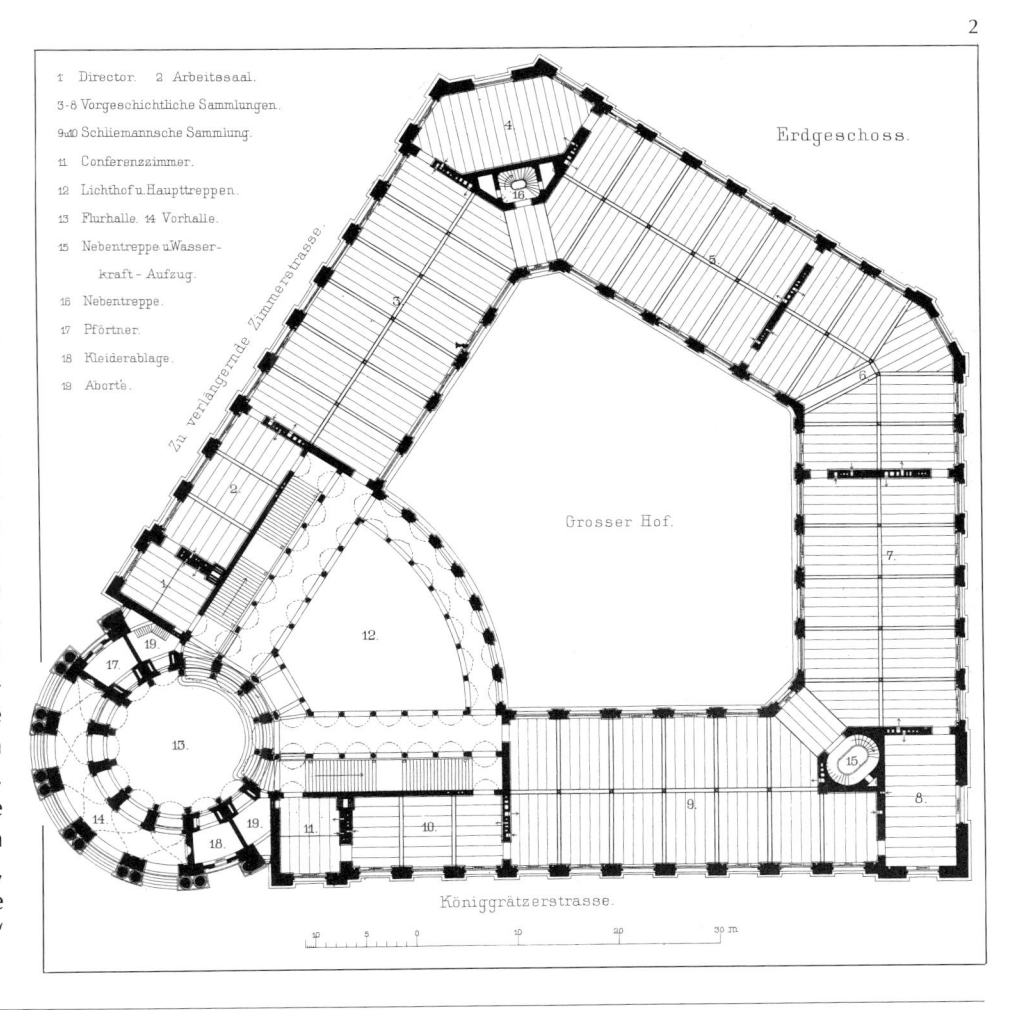

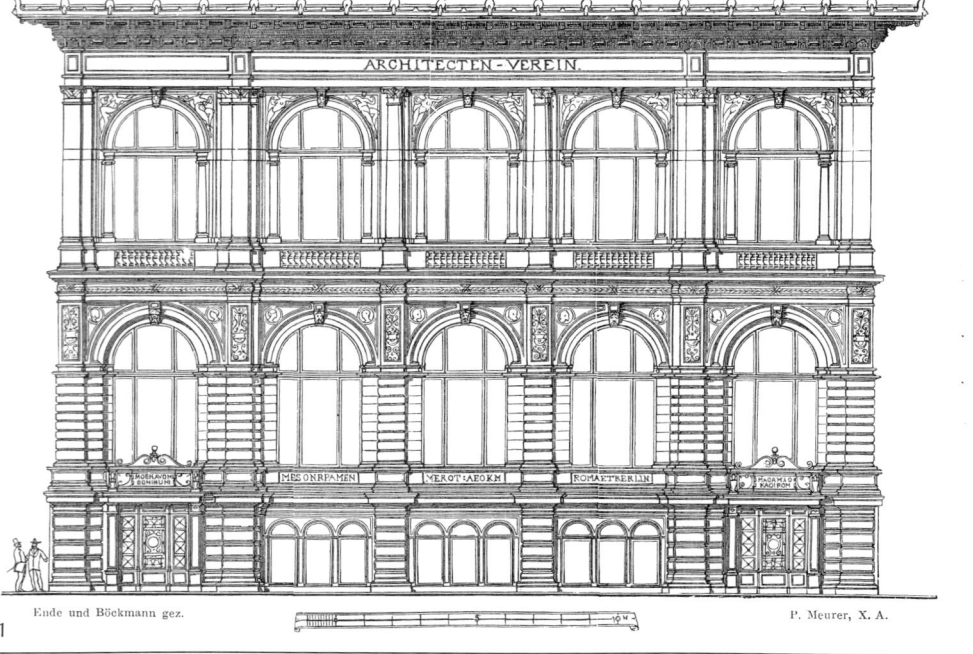

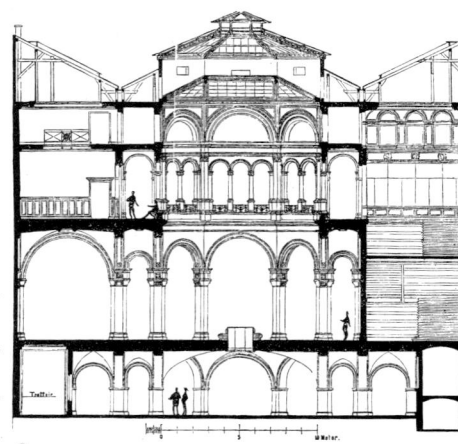

Oskar Titz, Hermann Ende und Wilhelm Böckmann, Das Haus des Architektenvereins in der Wilhelmstraße
1) Ansicht
2) Querschnitt
3) Grundrisse

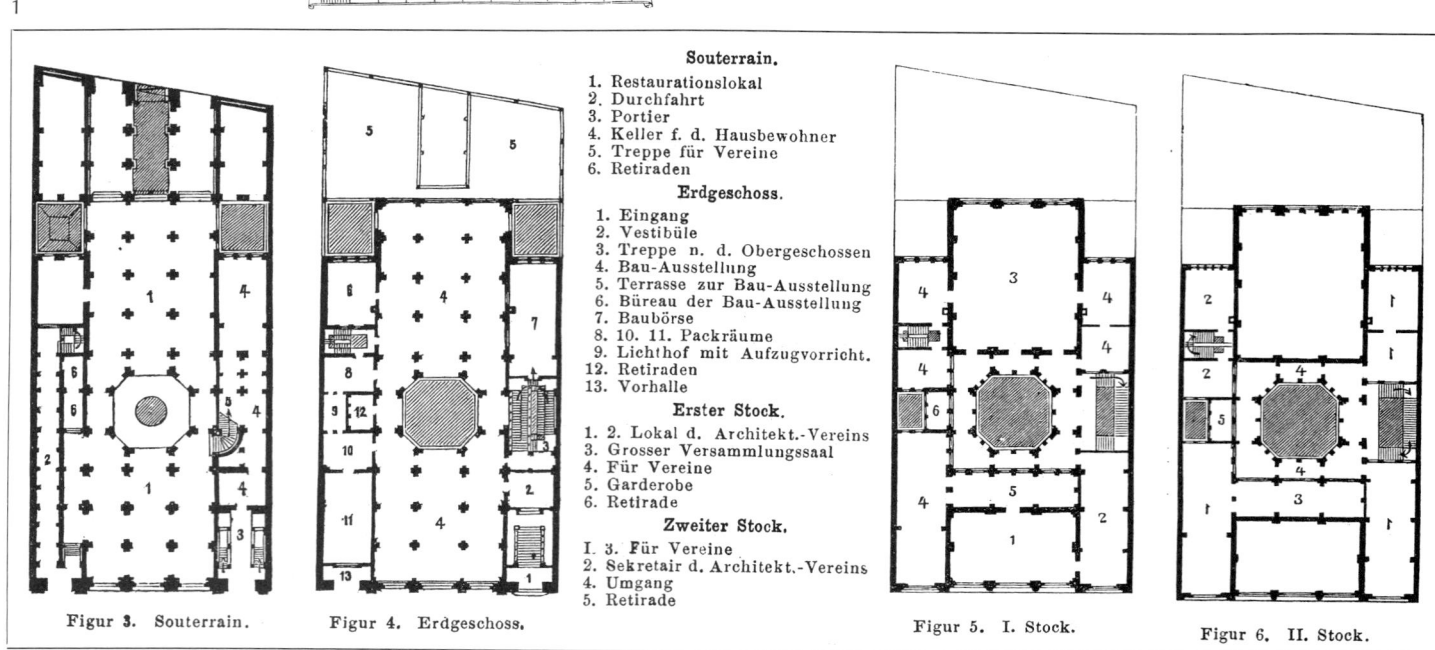

Souterrain.
1. Restaurationslokal
2. Durchfahrt
3. Portier
4. Keller f. d. Hausbewohner
5. Treppe für Vereine
6. Retiraden

Erdgeschoss.
1. Eingang
2. Vestibüle
3. Treppe n. d. Obergeschossen
4. Bau-Ausstellung
5. Terrasse zur Bau-Ausstellung
6. Büreau der Bau-Ausstellung
7. Baubörse
8. 10. 11. Packräume
9. Lichthof mit Aufzugvorricht.
12. Retiraden
13. Vorhalle

Erster Stock.
1. 2. Lokal d. Architekt.-Vereins
3. Grosser Versammlungssaal
4. Für Vereine
5. Garderobe
6. Retirade

Zweiter Stock.
1. 3. Für Vereine
2. Sekretair d. Architekt.-Vereins
4. Umgang
5. Retirade

Figur 3. Souterrain.   Figur 4. Erdgeschoss.   Figur 5. I. Stock.   Figur 6. II. Stock.

## Wilhelmstraße 92/93
### Das Haus des Architektenvereins

Der Durchbruch der verlängerten Zimmerstraße und die Erschließung des Terrains der Porzellanmanufaktur durch öffentliche Gebäude gleich welcher Art hatten auch das Interesse an dem bis dahin recht verschlafenen Teil der Wilhelmstraße südlich der Leipziger Straße geweckt. Spekulationsfieber und Bauboom der ersten Nachkriegsjahre taten ihr übriges, und so wurde auch hier auf den Grundstücken, die an den Garten des Kriegsministeriums stießen, die alte Bebauung des 18. Jh. – soweit noch vorhanden – durch private Neubauten ersetzt. Der bedeutendste unter ihnen war wohl das Haus des Architektenvereins zu Berlin. Dieser altehrwürdige, 1824 von Schinkel mitbegründete Verein, der früher seine Sitzungen in der Bauakademie und dann im Knoblauchschen Hause abgehalten hatte, trug sich schon seit längerer Zeit mit dem Gedanken, sich ein Domizil zu schaffen, das seinen gestiegenen Bedürfnissen repräsentativer Art Rechnung tragen sollte. 1868 hatte er provisorisch Räume in einem Hintergebäude in der Wilhelmstraße gegenüber der Puttkamerstraße bezogen. 1875 gelang es dem Verein, mit dem Grundstück Wilhelmstraße 92/93 zu günstigen Bedingungen eine jener „Krach-Ruinen" zu erwerben, die damals in nicht unbeträchtlicher Zahl in Berlin zu finden waren. Es handelte sich um ein im Rohbau fertiggestelltes Gebäude, das der Architekt Oskar Titz seit 1872 als Restaurationsbetrieb mit Festsälen für eine 1873 während des Gründerkrachs in Liquidation geratene Aktien-Brauerei errichtet hatte. Dieses wurde nun von Hermann Ende und Wilhelm Böckmann im Auftrag des Architektenvereins vollendet, was sich im wesentlichen auf innere Einrichtung und Ausstattung bezog. Die äußere Gestalt des Gebäudes dagegen war als Werk Oskar Titz' anzusehen. Die in kräftigen Formen der italienischen Spätrenaissance gehaltene Fassade mit ihrem weit ausladenden Hauptgesims gab genau die Strukturierung im Innern wieder. Befanden sich hinter den beiden äußeren Fensterachsen Durchfahrt, Treppenhaus, Bibliotheks- und Nebenräume, so erstreckte sich hinter den drei zusammengefaßten mittleren Achsen jene Räumlichkeiten, die für das gesellschaftliche Leben bestimmt waren. Ein durch alle Stockwerke gehender Lichthof bildete den Hauptakzent dieses Bauteils, der im Souterrain einen großen Restaurationsbetrieb beherbergte, während die übrigen Stockwerke eine Folge von Festsälen enthielt, deren Aufteilung variiert werden konnte. Der repräsentative Charakter des Gebäudes sollte nicht nur den Führungsanspruch des Berliner Architektenvereins gegenüber den anderen deutschen Vereinen, sondern auch den gesellschaftlichen Anspruch der Architektenschaft allgemein unterstreichen. In der Tat spielte der Bau in den vierzig Jahren, in denen er diese Funktion ausübte, mit seinen Ausstellungen und Veranstaltungen eine nicht unbeträchtliche Rolle im kulturellen Leben Berlins — um so mehr, als auch der Verein Berliner Künstler hier bis Mitte der neunziger Jahre seinen Sitz hatte.

## Stadtplanung in der Sackgasse

Hatte sich bis zur Mitte der achtziger Jahre die private wie öffentliche Erschließung des Gebietes mit Neubauten recht zügig entwickelt, harrte ausgerechnet das eigentliche städtebauliche Kernstück, die Verlängerung der Zimmerstraße, immer noch seiner Vollendung. Das Kriegsministerium nämlich hatte sich erfolgreich geweigert, den dafür notwendigen Teil seines Gartens zur Verfügung zu stellen. Dabei verstärkte sich in der Öffentlichkeit immer mehr der Eindruck, daß die angegebene Begründung, die Erhaltung des Parks, nur vorgeschoben war. Hatte das Kriegsministerium bereits bei der Errichtung der General-Militärkasse sein absolutes Desinteresse an allgemeinen städtebaulichen Fragen bekundet, so zeigte sich jetzt, daß es offenbar seinen Besitz auf alle Grundstücke östlich seines Gartens bis hin zum Prinz-Albrecht-Palais auszudehnen gedachte. So hatte es z. B. das unmittelbar neben diesem, also südlich des Straßendurchbruchs gelegene Grundstück erworben; und die spätere

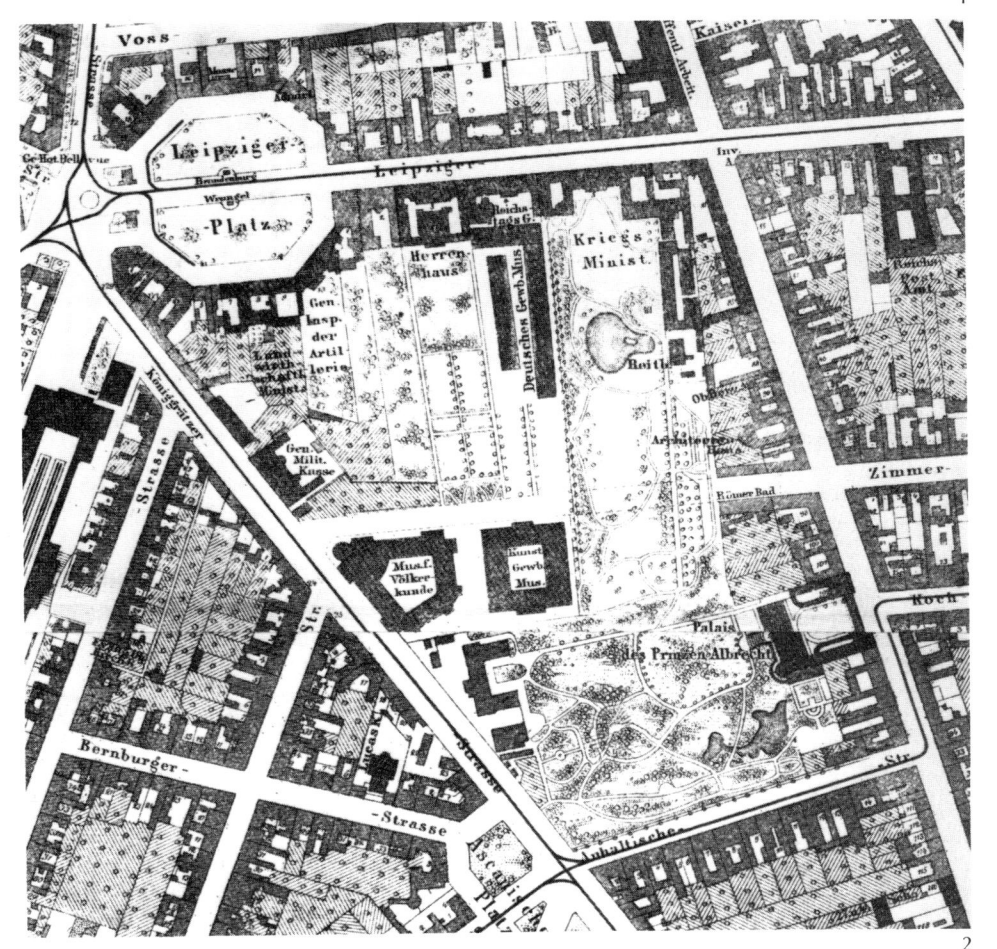

1) Das Portal des Kunstgewerbemuseums mit dem Blick auf die Mauer des Parks vom Kriegsministerium, um 1890
2) Ausschnitt aus: Situationsplan von der Haupt- und Residenzstadt Berlin und Umgegend, 1888, bearbeitet von Wilhelm Liebenow

# 1871–1909

Entwicklung sollte der oben geäußerten Vermutung Recht geben. Die Folge war, daß die Verlängerung der Zimmerstraße auf beiden Seiten ein Torso blieb, begrenzt von zwei häßlichen Mauern. Den unerträglichen Zustand schilderte ein zeitgenössischer Bericht im „Bär" von 1885: „Während in der Wilhelmstraße schon seit Jahr und Tag die zum Durchbruch erforderlichen Grundstücke angekauft, niedergerissen und die projektirte Straße bis zum Garten des Kriegsministeriums fertig gestellt worden ist, und auf der andern Seite, an der Königgrätzer Straße, die kostbaren Museen schon in der projektirten Zimmerstraßenverlängerung stehen, ist zum größten Bedauern der Anwohner und Passanten noch immer nicht abzusehen, wann sich die Staatsregierung entschließen wird, den erforderlichen kleinen Zipfel vom Garten des Kriegsministeriums, welcher dem Durchbruch hinderlich im Wege steht, herzugeben. Durch den Durchbruch würde die Passage am Potsdamer Platz, welche jetzt für Fußgänger wegen der starken Frequenz nur mit Lebensgefahr auszuführen ist, desgleichen die Anhaltstraße, bedeutend entlastet werden, da die meisten Droschken sofort vom Potsdamer Bahnhof durch die Zimmerstraße fahren würden. Die Bewohner des Stadttheils zwischen Anhalter und Potsdamer Bahnhof können jetzt nur auf Umwegen durch die ohnehin überlastete Leipziger oder Anhaltstraße nach dem Centrum gelangen. Dieser Übelstand wird sich um so fühlbarer machen, wenn die Markthalle in der Zimmerstraße erst fertig ist. Auch verfehlen die kostbaren Museen in der jetzigen Sackgasse vollkommen ihren Zweck; der Besuch derselben wird bis zur Durchführung der Straße nur mangelhaft sein, da sie von Vielen in dem versteckten Winkel schwer gefunden werden, und Viele den weiten Umweg scheuen. Da der Staat im diesjährigen Etat zur Übernahme des kunstgewerblichen Museums 300 000 Mark verlangt, so sollte diese Summe erst dann bewilligt werden, wenn das Museum dem Publikum (besser) zugänglich gemacht ist. Anschließend wollen wir noch erwähnen, daß die Einfahrt an der Königgrätzerstraße durch holperiges Pflaster und durch Unsauberkeit am Anfang des Bauzaunes einen, dieser Stätte ganz unwürdigen Zustand aufweist."

August Orth, Ansichten und Schnitte zu einem Entwurf zur Verlängerung der Zimmerstraße durch den Park des Kriegsministeriums und Verbindung der beiden Parkteile durch eine Brücke und eine Unterführung, 1886

Eine wenig erfreuliche Situation also, die dem Anspruch einer zweiten „Museumsinsel" alles andere als förderlich war.

## August Orth: Die Verlängerung der Zimmerstraße

Ein Jahr später nun legte August Orth einen Plan zur Verlängerung der Zimmerstraße vor, der ausgesprochen den Charakter einer Kompromißlösung trug und dementsprechend von recht aufwendiger Natur war. Das Projekt ist nicht nur in den üblichen Lageplänen und dgl. überliefert, sondern auch in einigen liebevoll ausgeführten perspektivischen Ansichten von Details. Es sah die Durchführung der Zimmerstraße durch den Garten des Kriegsministeriums ohne jede Randbebauung vor. Dafür überspannte den neuen Straßenabschnitt in der Mitte eine flach gewölbte Brücke, von der jeweils zwei geschwungene Wege in die nun getrennten Teile des Gartens hinabführten. Der gesamte Komplex sollte einer gärtnerischen Gestaltung, einer Angleichung an die vorhandene Parkarchitektur unterworfen werden, um so einen fast unmerklichen Übergang zwischen den Grundstückshälften zu schaffen. Darüberhinaus hätte die so ausgestaltete Brücke sich dem aus der Innenstadt Kommenden sozusagen als blumenbekränzte Pforte für das dahinterliegende „Kulturforum" dargeboten und somit eine ganz eigene Atmosphäre geschaffen. Weiterhin hatte Orth an der westlichen Gartengrenze, also in unmittelbarer Nähe des Kunstgewerbemuseums, eine zweite Verbindung in

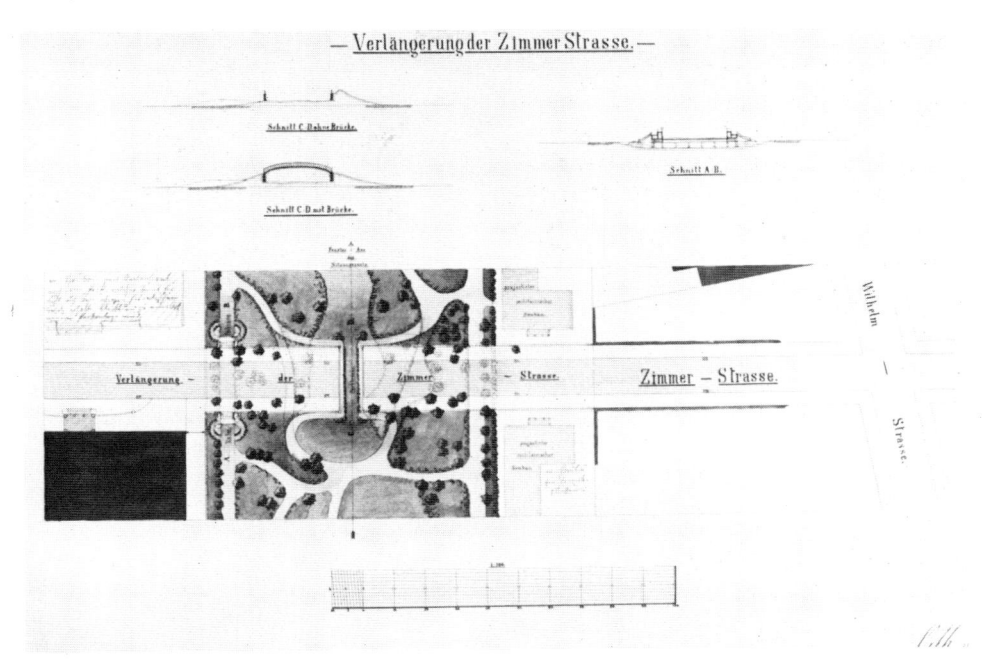

1) August Orth, Lageplan zu einem Entwurf zur Verlängerung der Zimmerstraße, 1886
2) Katasterplan der Prinz-Albrecht-Straße, 1893

Form einer Unterführung vorgesehen. Von deren portalartig ausgebildeten Öffnungen führten je zwei im Halbkreis angelegte Rampen auf die Straße hinauf, was auf eine mögliche öffentliche Nutzung hindeutete. Da der Tunnel natürlich unter dem alten Niveau lag, wären erhebliche Erdarbeiten die Folge gewesen, die ihre Auswirkungen auch auf die Gesamtgestaltung des Parks gehabt hätten. Ansonsten aber war alles getan worden, um dem Kriegsministerium die Straßenverlängerung schmackhaft zu machen.

August Orths im ganzen interessanter Plan gelangte nicht zur Ausführung. Dagegen gestand der Militärfiskus Ende der achtziger Jahre nach zähen Verhandlungen endlich den Durchbruch der verlängerten Zimmerstraße zu, gab aber das angrenzende Gelände nicht zur Bebauung frei. Diese blieb also in dem Abschnitt an der Wilhelmstraße auf die wenigen dort bereits vorhandenen Neubauten beschränkt. Ein städtebaulich befriedigender Anschluß an das Kunstgewerbemuseum war somit nicht mehr möglich, dem die beiden Eckbauten weiterhin über den Garten des Kriegsministeriums hinweg ihre (jetzt wenigstens verputzten) Brandgiebel zuwiesen. Der an der Südseite gelegene gehörte im übrigen zum Hotel Vier Jahreszeiten, dem späteren Hotel Prinz Albrecht.

Etwa zur selben Zeit erhielt der neue Straßenzug nach dem 1872 verstorbenen Prinzen Albrecht seine endgültige Benennung: Prinz-Albrecht-Straße.

1871—1909

1

2

58

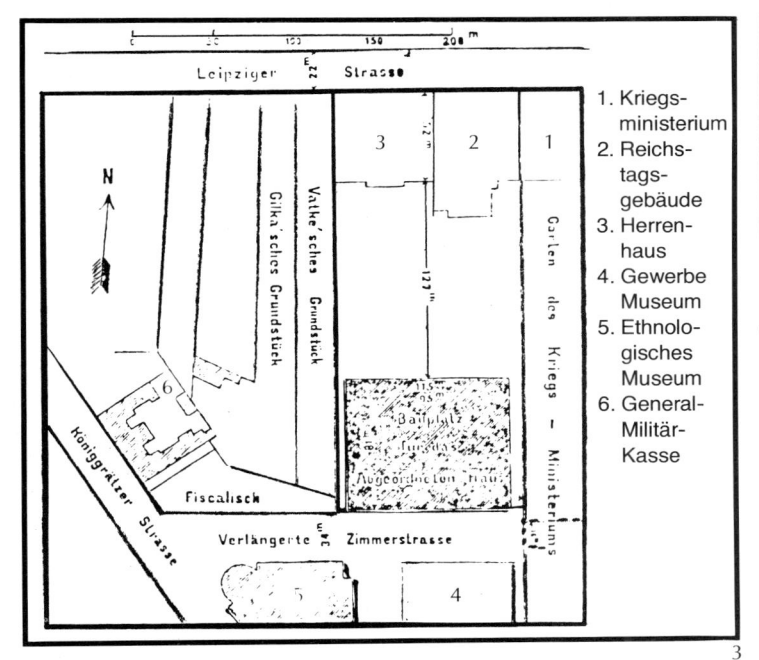

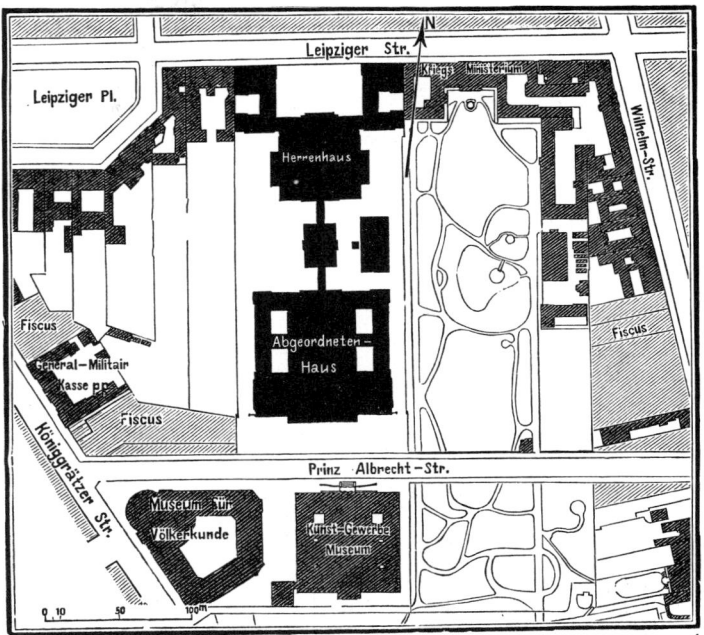

**Der Preußische Landtag**

1. Kriegsministerium
2. Reichstagsgebäude
3. Herrenhaus
4. Gewerbe Museum
5. Ethnologisches Museum
6. General-Militär-Kasse

1) Entwurf zum Abgeordnetenhaus des Preußischen Landtages an der Prinz-Albrecht-Straße
2) Entwurf zum Herrenhaus des Preußischen Landtages an der Leipziger Straße
3) Lageplan des Preußischen Abgeordnetenhauses nach den Planungen von 1882/83
4) Lageplan des Preußischen Landtages

Die Vorgeschichte des 1892–1904 von Friedrich Schulze auf den Grundstücken Leipziger Straße 3 und 4, also denen des alten Herrenhauses und des provisorischen Reichstags, erbauten Preußischen Landtags hat einen ähnlichen, wenn auch nicht ganz so wechselhaften Charakter wie die des Reichstagsgebäudes. Wie erwähnt, hatten bereits um 1870 Pläne bestanden, neben dem Herrenhaus anstelle der Porzellanmanufaktur einen Neubau für das Abgeordnetenhaus zu errichten, das seinen mehr als unzulänglichen Sitz am Dönhoffplatz hatte. Mit der Unterbringung des Reichstags an diesem Ort hatten sich derartige Projekte von selbst ergeben, ebenso wie die des Jahres 1871, die im Zusammenhang mit dem Reichstagsbau auch ein gemeinsames Gebäude für Abgeordneten- und Herrenhaus vorgesehen hatten. Und die Bedenken, die man gegenüber dem Lucaeschen Reichstagsplan von 1873 geäußert hatte, galten selbstverständlich auch für ein preußisches Parlament. Trotzdem blieben die Grundstücke Leipziger Straße 3 und 4 in ihrer gesamten Ausdehnung weiterhin im Gespräch. Wegen der ungeklärten Gesamtsituation war aber in den folgenden Jahren kein Fortschritt zu erwarten, da es zunächst die Erledigung des Reichstagsproblems abzuwarten galt. Hinzu kam, daß ein gemeinsames Haus für die Zwecke von Abgeordneten- und Herrenhaus nun nicht mehr möglich schien, da das letztere mit seinem Domizil vollauf zufrieden war. Die Mitglieder des Herrenhauses fühlten sich in ihrem schmucken Palais nach den Worten ihres Präsidenten sehr wohl und verzichteten auf einen Neubau.

Raumprobleme und bauliche wie hygienische Mängel machten aber einen Neubau für das Abgeordnetenhaus immer dringlicher. Dies bekräftigten 1882 alle Mitglieder der zweiten Kammer in einer gemeinsamen Resolution und erklärten sich gleichzeitig für das Hintergelände von Herrenhaus und provisorischem Reichstag als Standort mit der Hauptfront an der verlängerten Zimmerstraße gegenüber dem Kunstgewerbemuseum. Friedrich Schulze wurde beauftragt, dafür Pläne auszuarbeiten, die aber sofort auf Schwierigkeiten stießen, da sowohl die Kunstverwaltung wie auch das Kriegsministerium ihre Ansprüche auf das Gelände anmeldeten. Haupthindernis war jedoch die Weigerung des Herrenhauses, einen Teil seines Gartens der zweiten Kammer zur Verfügung zu stellen. Im Jahre 1884 votierte daher das Abgeordnetenhaus für die wohl einfachste Lösung, die Übernahme des provisorischen Reichstagsgebäudes. Diese Möglichkeit mußte aber nach einer bautechnischen Untersuchung durch Friedrich Schulze wieder fallengelassen werden. Daraufhin fand noch im gleichen Jahr ein interner Wettbewerb zwischen den Baubeamten Karl Hinkeldeyn, Friedrich Schulze und Christoph von Tiedemann statt, der einzig und allein dem Zweck diente, die Möglichkeiten eines auf das Grundstück des provisorischen Reichstags beschränkten Bauplatzes für ein neues Abgeordnetenhaus zu erkunden. Alle drei Vorschläge zeigten aber – was wohl insgeheim die Absicht gewesen war – die Unmöglichkeit eines solchen Vorhabens. Und dementsprechend empfahl auch die Akademie des Bauwesens, der die Pläne zur Begutachtung vorlagen, als einzig mögliche Lösung, einen gemeinsamen Neubau für beide Häuser des Preußischen Landtags auf den zu vereinigenden Grundstücken Leipziger Straße 3 und 4 zu errichten. Ein Votum, dem sich auch die Preußische Staatsregierung anschloß.

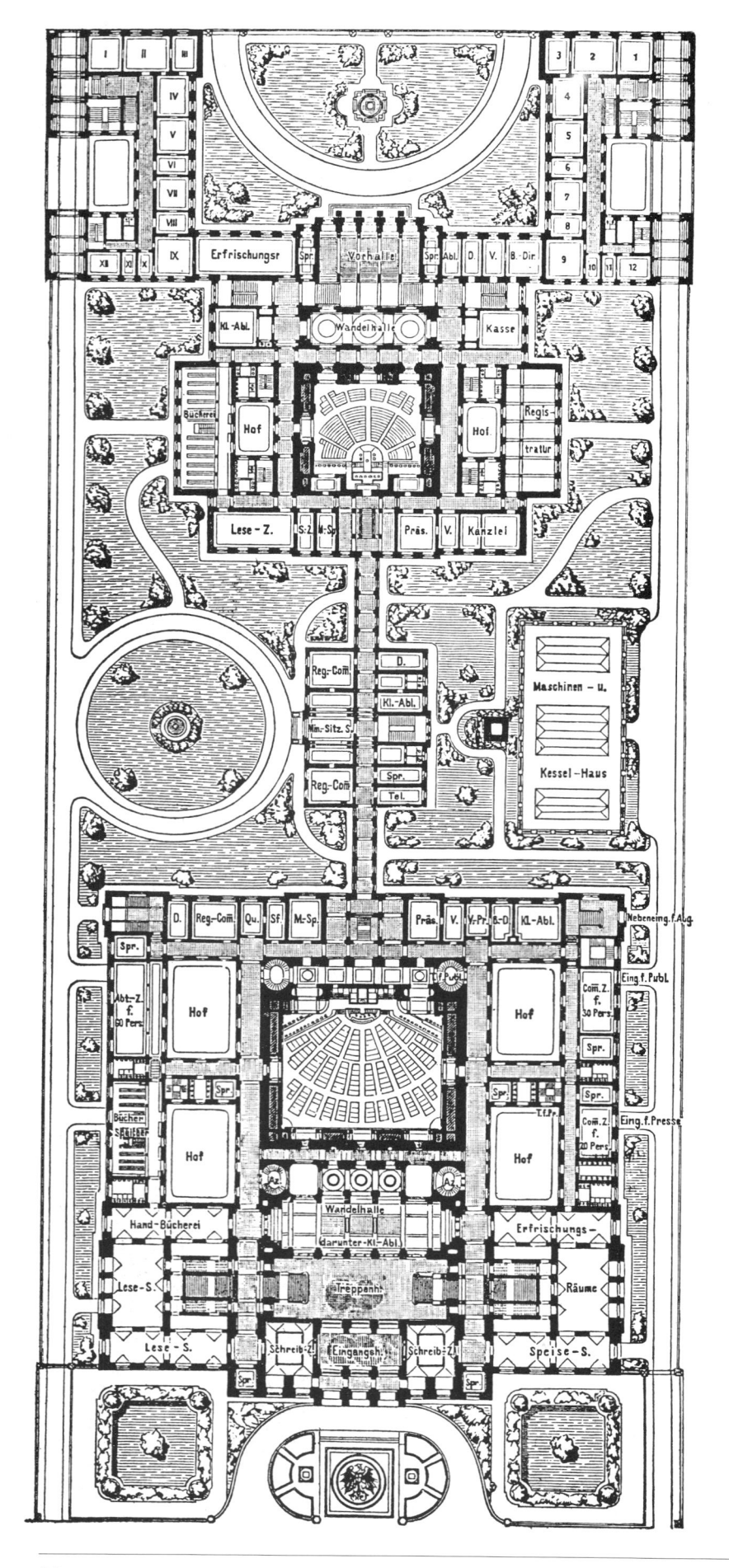

Da auch das Herrenhaus, das mittlerweile unter erheblichem Raummangel litt, nun ebenfalls dem Vorschlag zustimmte, erhielt Friedrich Schulze nach den üblichen langwierigen Verhandlungen zwischen den einzelnen preußischen Institutionen 1889 den Auftrag zur Ausarbeitung eines Entwurfs. Dieser wurde in seiner endgültigen Form 1892 von allen zuständigen Gremien genehmigt, so daß im Herbst desselben Jahres mit den ersten Fundamentierungsarbeiten an der Prinz-Albrecht-Straße begonnen werden konnte.

Das neue Preußische Landtagsgebäude konnte besonders in seiner Disposition als gelungen bezeichnet werden, um so mehr, als Nord- und Südseite des Geländes städtebaulich verschiedene Aufgaben stellten. An der Leipziger Straße mußte der Neubau an die vorhandene Bebauung direkt angeschlossen und in das relativ einheitliche Bild integriert werden, während es an der Prinz-Albrecht-Straße galt, die lockere Anordnung der autonomen Museumsbauten aufzunehmen. Der Gesamtkomplex des Landtages gliederte sich daher in zwei unterschiedliche Baukörper, die je eine der beiden Kammern beherbergten. Das Abgeordnetenhaus mit seinem weitaus größeren Platzbedarf erhob sich als mächtiger Kubus in Formen der römischen Hochrenaissance an der Prinz-Albrecht-Straße, um einiges von der Straßenflucht zurückversetzt und so mit dem Kunstgewerbemuseum in Korrespondenz, aber nicht in Konkurrenz tretend. Mittelpunkt war natürlich der Sitzungssaal, um den sich die anderen Räumlichkeiten gruppierten, von denen besonders die großzügige, lichthofartige Treppenhalle erwähnenswert ist.

Grundriß der Gebäude des Preußischen Landtages

An der Leipziger Straße dagegen führte der Neubau des Herrenhauses zunächst die Randbebauung der angrenzenden Gebäude fort, um dann zurückzuweichen und sich zu einem großen Ehrenhof zu erweitern. Dienten die Flügelbauten im wesentlichen als Wohn- und Diensträume der Präsidenten und Verwaltungschefs der beiden Kammern, so lag der Sitzungssaal hinter dem Mittelrisalit der Hauptfassade. Diese Konzeption einer spätbarocken Palastanlage an der Leipziger Straße räumte dem Herrenhaus einen größeren Stellenwert als dem Abgeordnetenhaus in der Prinz-Albrecht-Straße ein, was ja auch der offiziellen Denkweise entsprach. Zwischen den Komplexen erstreckte sich ein schmaler Verbindungsbau mit dem Sitzungssaal des Kabinetts.

Das Gebäude des Preußischen Landtags wurde in zwei Bauabschnitten ausgeführt: 1899 konnten die Mitglieder des Abgeordnetenhauses, 1904 die des Herrenhauses ihre neuen Räume beziehen.

1) Treppenhalle und 2) Sitzungssaal des Abgeordnetenhauses,
3) Sitzungssaal des Herrenhauses

1871–1909

## Die preußischen Ministerien

Neben dem Kriegsministerium, das von alters her seinen Sitz an der Leipziger Straße gehabt hatte, siedelten sich hier und am Leipziger Platz seit Mitte der siebziger Jahre weitere preußische Ministerien an. Die auf den angekauften Privatgrundstücken vorhandenen Wohnhäuser wurden in der Regel im Äußeren keiner Veränderung unterworfen – das Straßenbild blieb also erhalten. Aus verständlichen Platzgründen wurden aber die rückwärtigen Grundstücksteile mit Erweiterungsbauten besetzt, so daß nach dem Erwerb weiterer Nachbargrundstücke die Hintergelände zumeist von einem unorganischen Konglomerat von Nebengebäuden bestückt waren. Es ist daher nicht verwunderlich, daß sich nach der Jahrhundertwende die Tendenz verstärkte, die einzelnen Ministerien einer Neubebauung zuzuführen und diese sogar einer einheitlichen Konzeption unterzuordnen.

Das Kriegsministerium hatte hierbei mit seinem großen, langgestreckten Garten die beste Ausgangsposition, aus der heraus es versuchte, nach und nach alle an diesen angrenzenden Grundstücke zu erwerben. Im Gegensatz zur späteren Praxis der anderen Ministerien ersetzte es die gekauften Häuser durch Neubauten oder ließ sie zumindest um- und ausbauen. So auch das bereits 1865 erworbene Gebäude Wilhelmstraße 81, das in den folgenden Jahren von Fleischinger und Voigtel um ein Stockwerk erhöht und mit einer neuen Fassade versehen wurde, die der in der Leipziger Straße angeglichen wurde. Die 1888/90 angekauften Grundstücke Wilhelmstraße 82–85 dagegen erhielten sofort einen gemeinsamen Neubau durch la Pierre und Vetter, die ebenfalls versuchten, bei der Fassadengestaltung auf das „Stammhaus" in zeitgemäßen Formen einzugehen. Das weiter südlich gelegene, an das Prinz-Albrecht-Palais anstoßende Grundstück Wilhelmstraße 101 war ebenfalls im Besitz des Kriegsministeriums.

Das Ministerium für landwirtschaftliche Angelegenheiten, daß früher seinen Standort in der Schützenstraße gehabt hatte, nahm 1876 seinen Sitz in den Gebäuden Leipziger Platz 8 und 9. Nachdem ihm 1879 die bisher dem Finanzministerium unterstellte Abteilung für Do-

1) Erweiterungsbau des Kriegsministeriums in der Wilhelmstraße 82–86, 1888–90
2) Die General-Militärkasse, erbaut ca. 1879 von August Busse

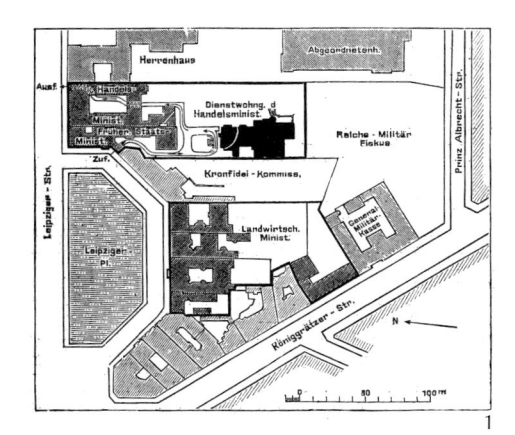

mänen und Forsten angegliedert worden war, kamen durch Ankauf die beiden westlichen Nachbargrundstücke hinzu, so daß nun die gesamte Südseite des Leipziger Platzes in der Hand des Landwirtschaftsministeriums war. Nach 1900 wurde dem Minister das ehemalige Palais des Prinzen Adalbert als Dienstwohnung zur Verfügung gestellt, das zuvor zeitweise als Generalinspektion der Artillerie, dann bis 1889 als Sitz des Gouverneurs von Berlin und seit 1892 als Wohnsitz der Prinzessin Friedrich Karl gedient hatte.

Im Jahre 1879 hatte sich die Abteilung für Handel und Gewerbe des Ministeriums für Handel, Gewerbe und öffentliche Arbeiten als eigenständiges Ministerium konstituiert. Zunächst provisorisch untergebracht, gelang ihm 1887 der Erwerb des Hauses Vatke, Leipziger Straße 2. Interessant ist, daß in diesem Gebäude im Erdgeschoß auch die Ausstellungs- und Verkaufsräume der dem Handelsministerium unterstellten Porzellanmanufaktur Unterkunft gefunden hatten, die so an ihrem alten Ort präsent blieb. Auch das ehemalige Biersche Haus, seit 1889 Sitz des Staatsministeriums, wurde zu Beginn des neuen Jahrhundert den Zwecken des Handelsministeriums zugeführt.

**Das Wohnhaus des Handelsministers**

In den Jahren 1903/04 wurde mit dem Neubau des Wohnhauses für den Handelsminister auf dem Gartengelände hinter dem ehemaligen Bierschen Haus, einem offenbar dringenden Bedürfnis abgeholfen, denn der Handelsminister war der einzige, der keine Dienstwohnung innerhalb seiner Verwaltung hatte. Obwohl viele Ministerien, darunter auch das Handelsministerium, in angekauften oder angemieteten Wohnhäusern unter sehr schwierigen Bedingungen arbeiten mußten, die sich aus der völlig verschiedenen Raumdisposition ergaben, wird am Anfang unseres Jahrhunderts der Bau einer komfortablen Ministerwohnung noch der Anlage geeigneter Büros vorgezogen. Während die „preußische" Sparsamkeit sich in der Verwaltung noch erhalten hat, war, bei entsprechendem Interesse, derartige Zurückhaltung bei den persönlichen Wünschen in dieser protzenden Zeit wohl nicht mehr zu erwarten.

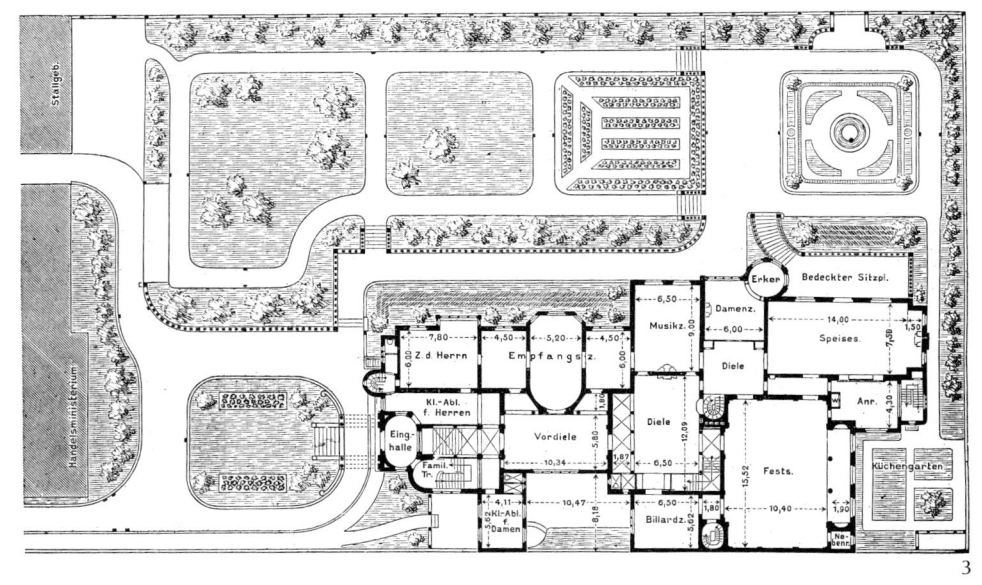

Das Gebäude wurde sogar als relativ bescheiden hingestellt, hatte doch der neue Bewohner sogar einige Räume mit vorhandenen Möbeln ausgestattet. Die beiden Architekten, Paul Kieschke und Ewald Fürstenau, waren eigens zum Studium repräsentativer Wohnhäuser nach England gereist, wo sich von 1896–1903 Hermann Muthesius als Attaché bei der Deutschen Botschaft in London u. a. mit der Erforschung des englischen Wohnhausbaus beschäftigte.

Einflüsse aus England sind dann an dem Neubau auch nachzuweisen, wenn auch für das Äußere selbstverständlich damals nur deutsche Renaissance als Baustil in Frage kam.

Das Wohnhaus für den Handelsminister auf dem Hintergelände des ehemaligen Bierschen Hauses
1) Lageplan  2) Ansicht  3) Grundriß

### Die Kunstgewerbeschule

Schon sehr kurze Zeit nach der Eröffnung des Kunstgewerbemuseums, dessen Herkunft aus der Gewerbeförderung das enge Beieinander mit der Kunstgewerbeschule und der Vorbildersammlung bedingte, zeigte sich, daß das Gebäude insbesondere bei dem außerordentlichen Anwachsen der Sammlungsbestände für alle drei Einrichtungen auf Dauer nicht ausreichen würde. Nach einem Vierteljahrhundert war es endlich soweit, auf dem südlich der Prinz-Albrecht-Straße gelegenen Teil vom Park des Kriegsministeriums konnten in einem großzügigen Neubau nach einem Entwurf des Ministeriums der öffentlichen Arbeiten die Kunstgewerbeschule und die Kunstbibliothek, die aus der Vorbildersammlung hervorgegangen war, in direkter Verbindung mit dem Museum untergebracht werden. Nach vierjähriger Bauzeit wurde das Gebäude am 1. 10. 1905 bezogen. Um sich bewußt von dem Nachbargebäude abzusetzen, wurde in diesem Fall einer barocken Stilfassung der Vorzug gegeben.

Während sich die Einrichtung der Schule, die ihre Grundfläche nun noch einmal mehr als verdoppeln konnte, sich in dem üblichen Rahmen hielt, wurde besonders bei der Anlage der beiden Bibliotheken (Kunstbibliothek und Lipperheidesche Kostümbibliothek) mit großer Sorgfalt vorgegangen. Beide Lesesäle waren grundsätzlich für jedermann geöffnet, zur Benutzung bedurfte es keiner Anmeldung. Bis auf den heutigen Tag handelt es sich um eine Präsenzbibliothek, deren außergewöhnlich lange Öffnungszeiten eine Benutzung auch durch das nicht fachbezogene berufstätige Publikum ermöglichen soll. Auch diese Regelung ist noch ein Rest aus den Anfängen der Gewerbeförderung, denn die Handwerker konnten sich selbstverständlich nur nach der Arbeitszeit weiterbilden.

Der Neubau der Kunstgewerbeschule hat den Verselbständigungsprozeß der einzelnen, ursprünglich als Einheit gedachten Einrichtungen von Museum, Unterrichtsanstalt und Bibliothek nur beschleunigt.

Die Bibliothek, die zunächst unter der

Die Kunstgewerbeschule, erbaut 1901–05
1) Straßenfassade
2) Hörsaal und Nordflügel

gemeinsamen Verwaltung der Direktoren von Kunstgewerbemuseum und -schule gestanden, also sozusagen das Bindeglied zwischen beiden dargestellt hatte, war bereits zu Ende der neunziger Jahre institutionell von diesen getrennt worden. Sie sollte später unter der Bezeichnung „Staatliche Kunstbibliothek" einen eigenständigen Platz innerhalb der preußischen Kunstverwaltung einnehmen – verblieb aber in der Prinz-Albrecht-Straße.

Das Schicksal des Kunstgewerbemuseums dagegen wollte es, daß dessen Sammlungen ihr eigens dafür konzipiertes Domizil verlassen mußten. 1920 wurden diese in das Berliner Stadtschloß überführt und mit den dortigen Kunstwerken, den Gobelins, Bildern, Skulpturen, Möbeln, Silber, Porzellan und Glasgemälden vereinigt. Unter dem Namen „Schloßmuseum" umfaßte das Kunstgewerbemuseum nun einen Großteil der historischen Räume des Schlosses. Lediglich die Stoff- und Gipssammlungen verblieben am alten Ort, der nun dem Völkerkundemuseum angegliedert wurde. 1924 wurde hier im Hauptgeschoß die Abteilung für ostasiatische Kunst eröffnet, später im Obergeschoß die Abteilung für Vor- und Frühgeschichte. Der Lichthof stand dem alten Kunstgewerbemuseum auch weiterhin für dessen große Ausstellungen zur Verfügung.

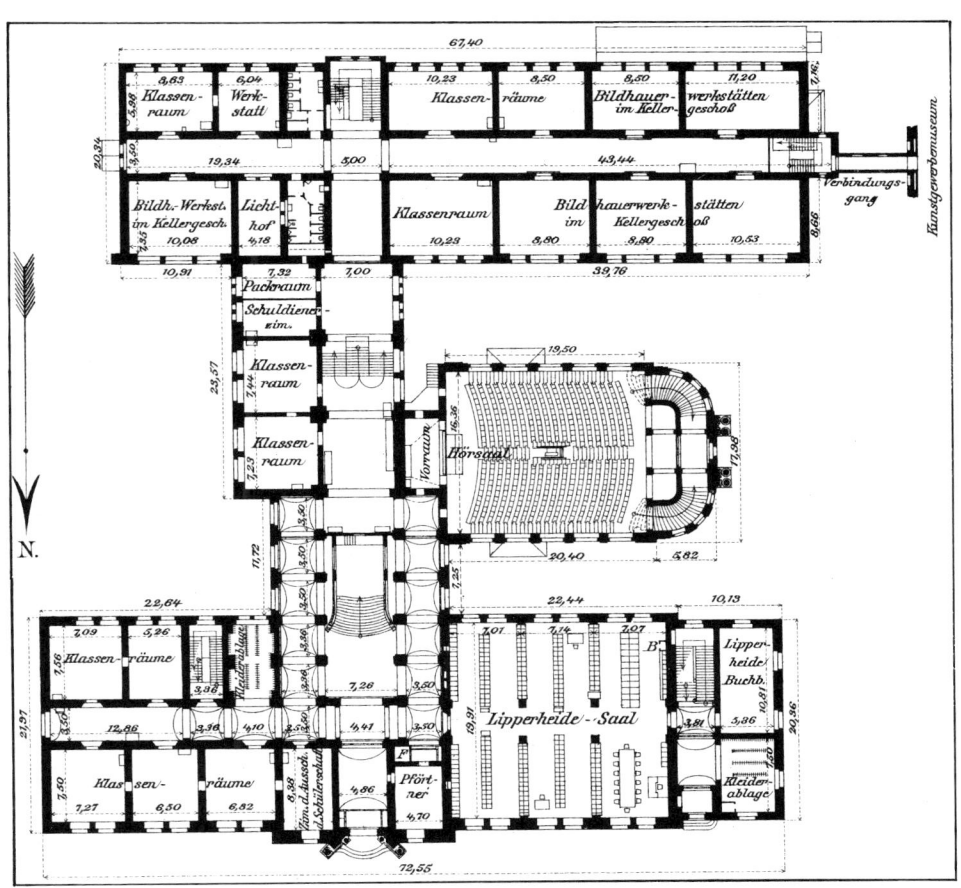

Die Unterrichtsanstalt schließlich, die schon immer im Schatten der Hochschule für die Bildenden Künste gestanden hatte, wurde ebenfalls 1924 mit dieser zu den Vereinigten Staatsschulen für freie und angewandte Kunst zusammengelegt.

Die Kunstgewerbeschule
1) Fassadendetail
2) Schnitt
3) Grundriß
4) Lageplan

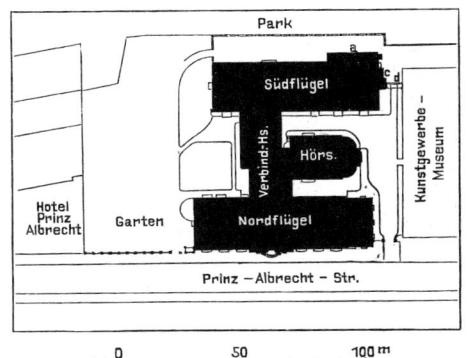

a Gewächshaus,
d Übergang,
c Eingang zum Heizkeller.

**1871—1909**

1) Die Prinz-Albrecht-Straße mit dem Kunstgewerbemuseum, der Kunstgewerbeschule und dem Hotel Prinz Albrecht, 1906
2) Die Eingangshalle des Hotels Prinz Albrecht nach der Umgestaltung durch Bruno Möhring, 1909

1) Bau des Konzertsaales mit freitragendem Eisenbetondach, 1904
2) Ansicht des Konzertsaales mit dem Eingang des Völkerkundemuseums und dem Abgeordnetenhaus im Hintergrund

## Ein „Juwel des Städtebaus"

Der Bau der Kunstgewerbeschule als direkte Erweiterung des von Martin Gropius und Heino Schmieden errichteten Museums war nur möglich, weil nach jahrelangen Verhandlungen das Kriegsministerium sich nun doch bereit fand, nach der Anlegung der Prinz-Albrecht-Straße auch den südlich gelegenen Teil des Parks zur Bebauung freizugeben. Im Tausch gegen dieses Grundstück erhielt es den nördlich der Prinz-Albrecht-Straße an der Ecke Königgrätzer Straße gelegenen Geländestreifen, der einst als Standort für das chemische Laboratorium der Gewerbeakademie vorgesehen war.

Nachdem also das Kriegsministerium nach langem Zögern wenigstens den städtebaulich unbedingt notwendigen Durchstich der Zimmerstraße (als Prinz-Albrecht-Straße) ermöglicht und damit übergeordnete Interessen anerkannt hatte, verpachtete es das neuerworbene Gelände, ohne wohl auf dessen Gestaltung Einfluß zu nehmen. An dieser freien, durch die Bauwerke der Umgebung ausgezeichneten Ecke entstand nun ein – nur durch die Konstruktion interessanter – dem sonstigen Rahmen nicht angemessener Neubau eines Konzertsaales, besser würde man wohl von einem Unterhaltungslokal sprechen, der an keiner Stelle auch nur den Eindruck erweckte, auf die Umgebung Rücksicht zu nehmen.

Es ist erstaunlich, daß das Kriegsministerium derart unabhängig von den Zielen der Allgemeinheit seine Vorstellungen durchsetzen konnte und damit lange Zeit eine vernünftige Stadtplanung und -gestaltung in diesem Bereich verhinderte.

Der Bau des Konzertsaales kann von konstruktiver Seite Interesse beanspruchen, weil es sich damit in Berlin wohl um den ersten, ganz in Eisenbeton ausgeführten Bau handelt. Erst seit dem Frühjahr 1904 war durch einen Erlaß des Ministeriums der öffentlichen Arbeiten eine derartige Bauweise durch die Baupolizei zu genehmigen. Obwohl dieser Werkstoff schon vielfach in Gebrauch war, genügten die Erfahrungen nicht für die hier mit zwanzig Metern geplante Spannweite. Die polizeilichen Auflagen waren deshalb sehr genau und die Belastbarkeit des Betons wurde ziemlich gering veranschlagt.

Auf der oberen Abbildung ist das Einschalen der nur etwa 11 cm starken, zwischen Rahmenbalken gespannten Decke zu sehen, im Hintergrund das Abgeordnetenhaus und rechts am Rand das Kunstgewerbemuseum.

## Das Hotel Fürstenhof

Ähnlich wie Alfred Messels Kaufhaus Wertheim an der Nordseite veränderte der 1907 errichtete Bau des Hotels Fürstenhof an der Südseite des Leipziger Platzes wesentlich dessen Charakter. Überdies wirkte er durch seine exponierte Lage auf eine weitaus größere Umgebung ein. In den Jahren zuvor hatte die alte Berliner Firma Aschinger, die bereits auf der anderen Seite des Potsdamer Platzes das berühmte Weinhaus Rheingold errichtet hatte, für den Bau eines Hotels Aschinger die Grundstücke Leipziger Platz 2, 4 und 5 sowie die anschließenden der Königgrätzer Straße einschließlich der Nr. 124 erworben. Ein so auf drei Seiten freier Neubau sah sich dementsprechend mit drei völlig verschiedenen Standortsituationen konfrontiert, d. h. am Leipziger Platz, zum Potsdamer Platz hin und an der Königgrätzer Straße. Im Jahr 1904 fand daher ein Wettbewerb statt, der neben den erwähnten noch weitere spezifische Probleme zu bewältigen hatte. Zum einen mußten die Entwürfe so gestaltet werden, daß das Grundstück Leipziger Platz 3, das nicht zur Verfügung stand, möglicherweise zu einem späteren Zeitpunkt noch integriert werden konnte. Ein etwa zur gleichen Zeit errichteter Neubau machte diese Hoffnung zunichte. Zum anderen mußte die vorhandene Bebauung insoweit berücksichtigt werden, wie diese noch in Benutzung war und erst schrittweise frei wurde. Der wohl eigentümlichste Faktor war aber der Bau der neuen U-Bahnlinie, die am Potsdamer Bahnhof aus der Köthener Straße kommend, den Leipziger Platz diagonal unter dem geplanten Hotel und dem Kaufhaus Wertheim unterfahren sollte.

Im Gegensatz zum Wertheimbau, der nachträglich unterfangen werden mußte, konnte der Tunnel von Anfang an in den Hotelneubau mit einbezogen werden.

1+2) Fassade des Hotels Fürstenhof am Leipziger Platz
3) Postkarte auf die Unterfahrung des Hotels Fürstenhof und des Leipziger Platzes durch die U-Bahn

1871—1909

Da sich unter diesem aber auch noch der U-Bahnhof Leipziger Platz befinden sollte, zog diese Situation erhebliche Schwierigkeiten bei der inneren Disposition und Gestaltung nach sich. Aus dem Wettbewerb gingen die Architekten Bielenberg und Moser als Sieger hervor. Ihr Entwurf, dem dann die Ausführung entsprach, hatte nach Meinung der Jury mit seinen sparsamen und zugleich effektvollen Mitteln insbesondere im Äußeren den Anforderungen am besten genügt. In der Tat war die Fassade den langen Straßenfronten entsprechend ohne aufgesetzte Effekthascherei regelmäßig und ruhig gegliedert, lediglich der Bauteil am Übergang vom Potsdamer zum Leipziger Platz trat durch drei dezente eckturmartige Vorsprünge hervor, die im rechten Winkel zueinander standen und von kupfernen Hauben bekrönt waren. Ein geschickter optischer Trick, da der Betrachter von jedem Blickwinkel aus einen vierten, nicht vorhandenen, „Turm" automatisch ergänzte, so daß ein kastellartiger Bauteil den Zugang zur alten Innenstadt zu markieren schien.

1) Blick über den Potsdamer Platz auf das Hotel Fürstenhof und dessen Fassade in der Königgrätzer Straße, links am Rand eine der von Emil Högg entworfenen Straßenlaternen

2) Grundrisse des Hotels, im Keller ist deutlich der Einschnitt der U-Bahn zu erkennen

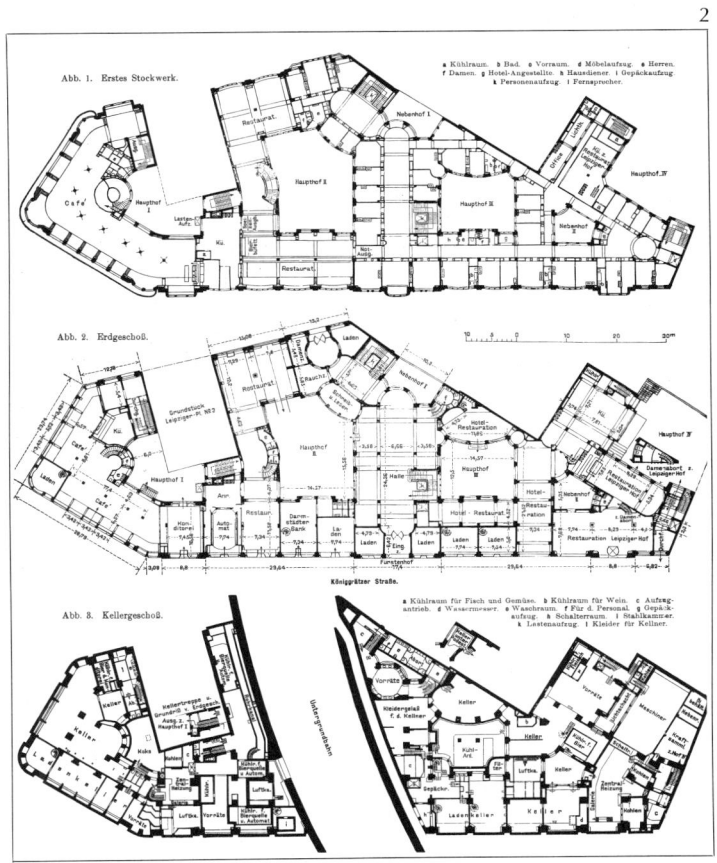

# 1910—1945

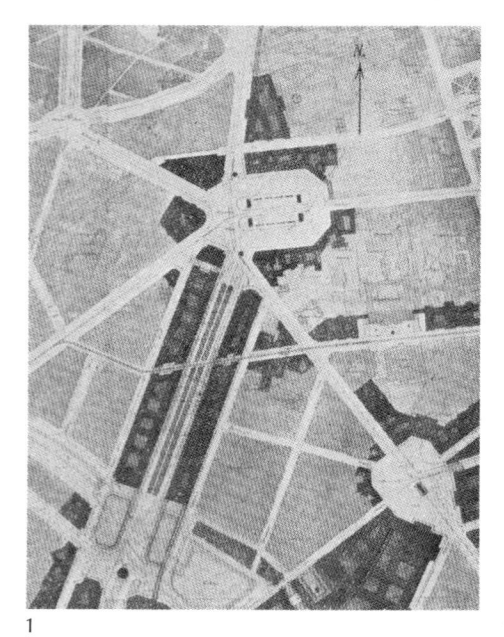

1) Havestadt & Contag, Bruno Schmitz, Otto Blum, Umgestaltung des Potsdamer Viertels, 1910
2) Bruno Schmitz, Vogelschau zu diesem Entwurf (Ausschnitt mit den Museen in der Prinz-Albrecht-Straße), 1910
3) Rudolf Eberstadt, Bruno Möhring, Richard Petersen, Lageplan für ein neues Konzerthaus an der Prinz-Albrecht-Straße, 1910

## Der Wettbewerb „Groß-Berlin"

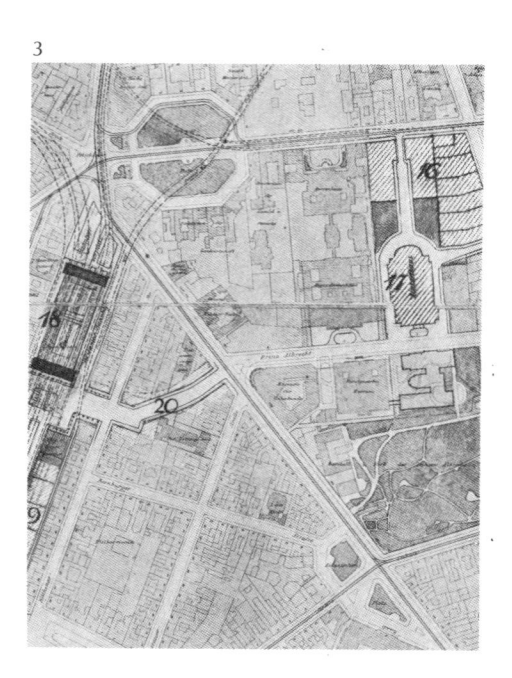

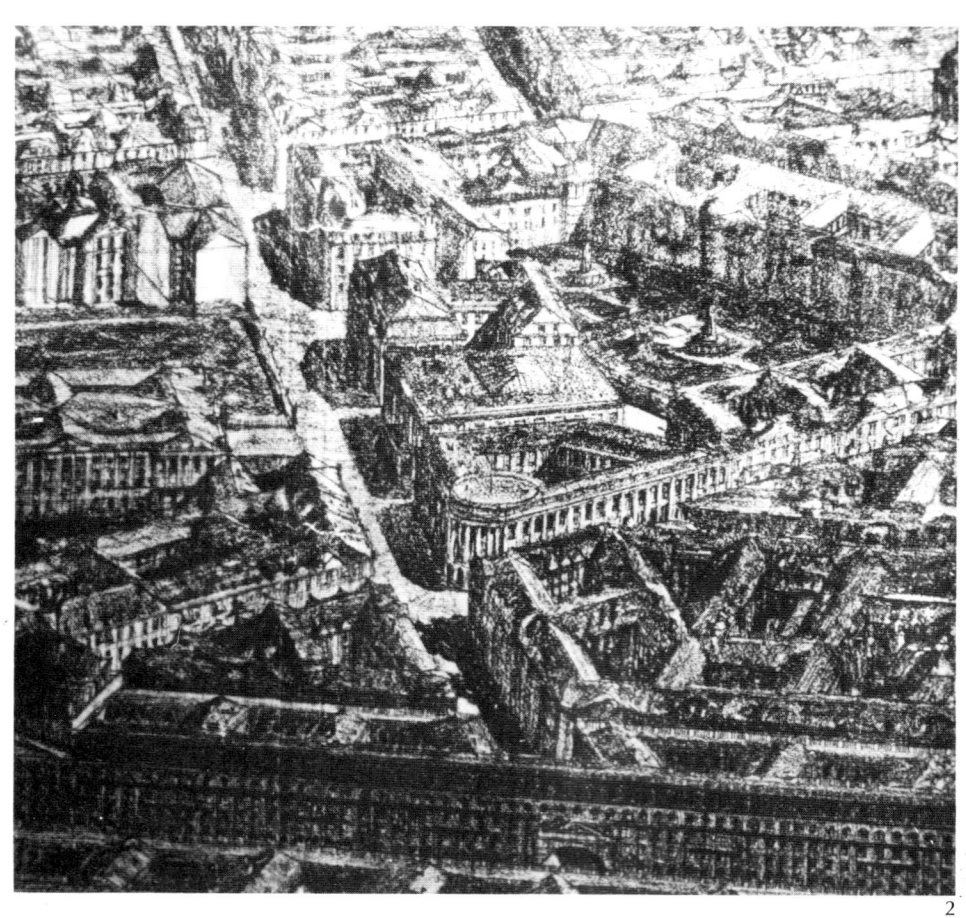

Im Jahre 1910 fand jener, für die Geschichte des Städtebaus so wichtige Wettbewerb „Groß-Berlin" statt, der weit mehr war als ein „öffentlicher Wettbewerb zur Erlangung eines Grundplanes für die Bebauung von Groß-Berlin", wie der spröde offizielle Name lautete. Er forderte, „eine einheitliche großzügige Lösung zu finden sowohl für die Forderungen des Verkehres, als für diejenigen der Schönheit, der Volksgesundheit und der Wirtschaftlichkeit" und somit einen Schlußstrich unter die jahrzehntelange planlose Entwicklung des größeren Berlins zu ziehen, dessen Schicksal es nach einem damals oft zitierten Wort Karl Schefflers war, „immerfort zu werden und niemals zu sein". Der Wettbewerb brachte auch für das Gebiet zwischen Leipziger Platz und Wilhelmstraße einige Ergebnisse, die natürlich je nach Ziel- und Schwerpunktsetzung der Autoren höchst unterschiedlich ausfielen. Die Nähe der beiden großen Kopfbahnhöfe bedingte, daß das Areal Ziel einer Fülle verkehrspolitischer Maßnahmen unter wie über der Erde sein sollte. Stadtbaukünstlerische Vorschläge gab es hierfür dagegen nur drei (alle von Preisträgern), wobei deren zwei eigentlich nur indirekter Art waren.

Der Wettbewerb hatte auch die Nebenabsicht, Berlin als Hauptstadt einer verspäteten Weltmacht den einer solchen zukommenden imperialen Rahmen besonders im Innenstadtbereich zu geben, was sich meist in Prachtalleen, Monumentalplätzen und -achsen und dgl. ohne Rücksicht auf Vorhandenes ausdrückte. Diese Entwürfe haben aus heutiger Sicht alle etwas Gewalttätiges und sind teilweise durchaus als Vorläufer der Planungen des Dritten Reiches anzusehen. Ein gutes Beispiel dafür bietet der Beitrag von Havestadt & Contag, Otto Blum und Bruno Schmitz, die Anhalter und Potsdamer Bahnhof in einem hinter den Landwehrkanal zurückgelegten Südbahnhof zusammengefaßt sehen wollten, ein an sich vernünftiger Vorschlag. Von diesem neuen Bahnhof führte aber eine monumentale Prachtachse zum vereinigten Potsdamer und Leipziger Platz. Was das uns interessierende Areal betrifft, so sollte im Zuge einer damit notwendigen Neugestaltung des Askanischen Platzes der Prinz-Albrecht-Garten völlig mit einer Randbebauung umgeben werden. Das Palais des Prinzen Albrecht gar wäre verschwunden.

Weitaus realistischer mutete dagegen der Plan von Joseph Brix, Felix Genzmer und der Hochbahngesellschaft an, die beiden Kopfbahnhöfe auf der Westseite der Königgrätzer Straße durch eine lange Kolonnadenreihe zu verbinden, die diesem Straßenabschnitt den Charakter eines langgestreckten Platzes gegeben hätte.

Einen interessanten, das Gebiet um die Prinz-Albrecht-Straße direkt betreffenden Vorschlag machten Rudolf Eberstadt, Bruno Möhring und Richard Petersen. Ihre Ausführungen seien hier wiedergegeben, da sie auch ein wenig das Umfeld zeigen, in dem derartige Vorstellungen entstanden. Im Zusammenhang mit der Finanzierung von staatlichen Neubauten führten die Autoren weiter aus: „Dabei lenkt sich der Blick zunächst auf das Kriegsministerium: in einer Gegend gelegen, die sich zu einer ausgesprochenen Geschäfts- und Ladengegend mit sehr hohen Grundstückspreisen entwickelt hat, stellt es mit seinem großen Garten einen Wert dar, der im Interesse der Staatsfinanzen nicht ungenutzt liegen sollte. Zudem ist das Ministerium aus mehreren Häusern zusammengewachsen, so daß seine innere Anordnung außerordentlich unübersichtlich geworden ist. Durch den Verkauf des ganzen Geländes würde der Staat sicherlich eine Summe erzielen, die nicht nur für den Bau der beiden neuen Ministerien am neuen Opernplatz, sondern auch für den Neubau des Kriegsministeriums auf einem dem Staate gehörigen oder von der Krone zur Verfügung gestellten Grundstücke ausreichen dürfte... Auf dem Gelände des alten Kriegsministeriums nun würden nach der Leipziger und Wilhelmstraße hin Geschäfts- und Ladenhäuser errichtet werden, für die sich hier die günstigste Lage bietet. Auf dem südlichen Teil an der Prinz-Albrecht-Straße haben die Verfasser einen Bauplatz für ein Konzerthaus vorgesehen, einen Saalbau von großer Abmessung und monumentalem Charakter, der die Darbietungen guter volkstümlicher Konzerte mit mäßigem Eintrittspreise ermöglichen soll. Gute Musikaufführungen einem breiten Hörerkreis gegen ein Eintrittsgeld von 1 und 2 Mk. zugänglich zu machen, ist ein allgemein gefühltes, künstlerisches und soziales Bedürfnis. Solche Konzerte sind, wie kaum der Begründung bedarf, zu allgemein erschwinglichen Eintrittspreisen nur dann ausführbar, wenn ein für eine sehr große Zuhörerzahl ausreichender Raum geschaffen wird... Es fehlt bisher in Berlin an einem geeigneten Saale von ausreichender Größe, wie ihn London in der Alberthall besitzt und sogar kleinere Städte haben, z. B. Mannheim in seinem Rosengarten, Frankfurt a. M. in seiner neuen Festhalle. Auch für große Versammlungen, die jetzt im Zirkus Busch ungenügend untergebracht sind, wird sich der neue Riesensaal eignen. Der Haupteingang des Gebäudes mit geräumiger Vorfahrt würde an der Prinz-Albrecht-Straße der Kunstgewerbeschule gegenüberliegen, eine Privatstraße könnte außerdem Zugänge von der Leipziger und der Wilhelmstraße schaffen, so daß diese „Neue Philharmonie" von den elektrischen Bahnen der Leipziger Straße und denen der Albrechtstraße bequem zu erreichen ist. Auch von dem großen Verkehrszentrum am Potsdamer Platz mit seinen Bahnhöfen ist sie nur wenige Minuten entfernt. Übrigens könnte ein Teil des schönen Gartens des jetzigen Kriegsministeriums dem Gebäude erhalten bleiben und bei Festlichkeiten entsprechende Benutzung finden." Angemerkt sei noch, daß dieser Plan städtebaulich gesehen eine Wiederaufnahme des fast vierzig Jahre alten Reichstagsprojektes von Lucae war, das so — lediglich um ein Grundstück versetzt — eine späte Anerkennung erfahren hatte.

Heinrich Kayser und Karl von Großheim, Vorschlag zur Aufstellung der Königskolonnaden auf dem Leipziger Platz, 1910

## Die Königskolonnaden

Ebenfalls aus dem Jahre 1910, aber nicht im Zusammenhang mit dem Wettbewerb „Groß-Berlin" entstanden, stammt ein Entwurf der Architekten Heinrich Kayser und Karl von Großheim, der die damals aktuelle Frage der Versetzung der Gontardschen Königskolonnaden am Alexanderplatz behandelte. Kayser und von Großheim wollten diese auf dem Leipziger Platz aufstellen, wofür sie zwei Varianten ausgearbeitet hatten. Entweder sollten sie parallel zur Straße direkt neben Schinkels Torhäusern oder zurückversetzt an den nördlichen und südlichen Seiten des Achtecks wieder errichtet werden. Keine dieser Möglichkeiten gelangte zur Ausführung, da die Königskolonnaden im ehemaligen Botanischen Garten, im Kleistpark, aufgestellt wurden, wo sie sich noch heute befinden.

## ... zur staunenden Bewunderung?

Drei Jahre nach dem Wettbewerb „Groß-Berlin" erhielt das alte, noch immer ungelöste Problem einer baulichen Ausgestaltung der Nordseite der Prinz-Albrecht-Straße neue Aktualität. Anlaß war ein Gesetzentwurf, den der preußische Finanzminister im März 1913 dem Abgeordnetenhaus vorgelegt hatte. Er betraf den Erwerb dreier Grundstücke an der Königgrätzer Straße (das der General-Militärkasse und die beiden nordwestlich anschließenden) sowie des Eckgrundstücks Prinz-Albrecht-Straße 6. Damit wäre das gesamte Terrain zwischen dem Hotel Fürstenhof und dem

## 1910–1945

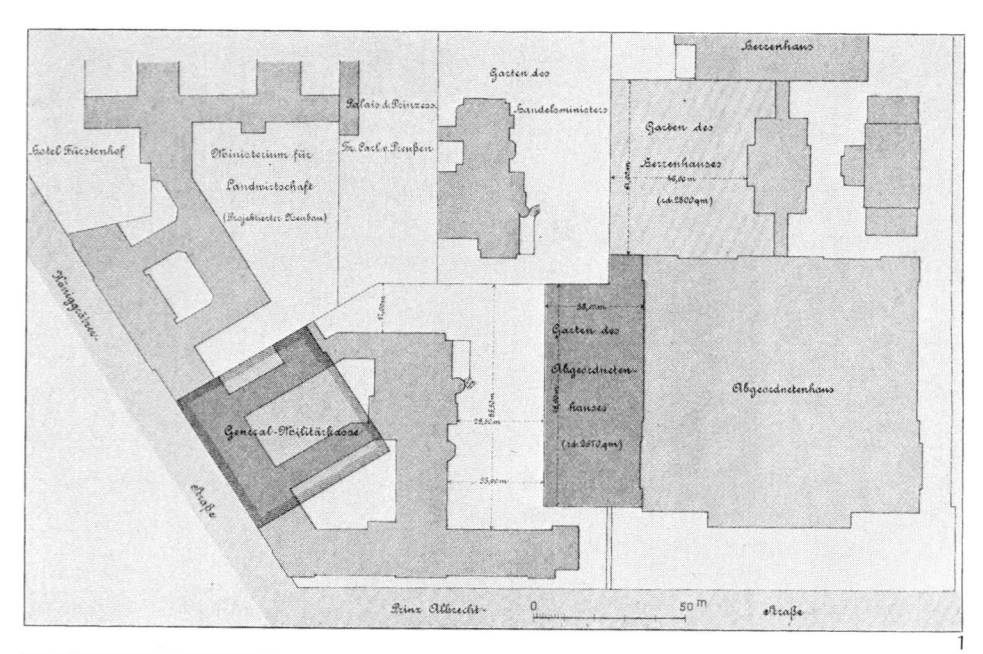

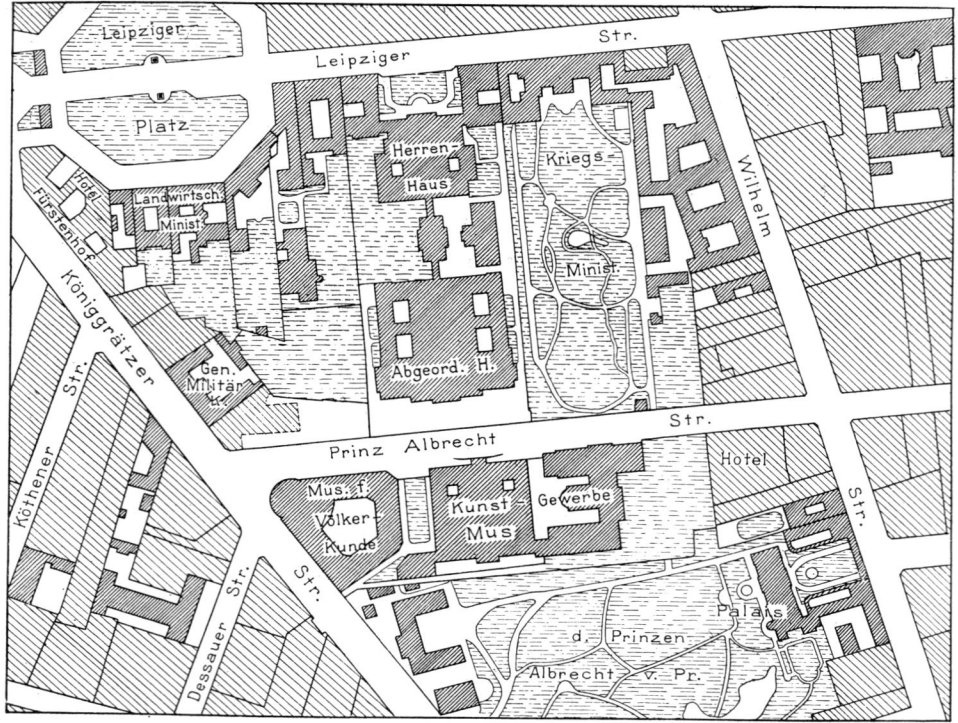

1) Bebauungsplan zum Gesetzentwurf des preußischen Finanzministeriums, 1913
2) Lageplan der Umgebung der Prinz-Albrecht-Straße, 1913

Preußischen Landtag im Besitz des Staates gewesen, was sofort die städtebaulich so ambitionierte Berliner Architektenschaft auf den Plan rief. Das Finanzministerium hatte nämlich zur Unterstützung seines Gesetzentwurfs bereits einen Bebauungsplan vorgelegt, der zu Recht Mißtrauen erregte, da er in seiner Kleinlichkeit nur aus Tagesbedürfnissen geboren, gleichzeitig aber auf bereits endgültigen Entwürfen zu beruhen schien. Der Plan sah den kompletten Neubau gleich zweier Ministerien vor: den des Landwirtschaftsministeriums an der südlichen Achteckseite des Leipziger Platzes und an der Königgrätzer Straße zwischen dem Hotel Fürstenhof und der abzubrechenden General-Militärkasse, sowie den an ersteren direkt anschließenden des Finanzministeriums auf dem Eckgelände gegenüber dem Völkerkundemuseum. Die Fachwelt sah sich dadurch wieder einmal um die Chance gebracht, ihre alte Lieblingsidee zu verwirklichen, mittels eines öffentlichen Wettbewerbs die gesamte Nordseite der Prinz-Albrecht-Straße einschließlich des Gartens des Kriegsministeriums endlich einer städtebaulich einheitlichen, „monumentalen" Lösung zuzuführen. Die nun anhebende, auch von einer Pressekampagne begleitete Debatte gipfelte in einer Eingabe der „Vereinigung Berliner Architekten" an den preußischen Ministerpräsidenten, in der es u. a. hieß: „Es ergeht daher die ehrerbietige Bitte an Ew. Exzellenz, den hochmögenden Einfluß des preußischen Staatsministeriums dahin geltend zu machen, daß das gesamte Gelände an der Nordseite der Prinz-Albrecht-Straße von der Wilhelm-Straße bis zum Fürstenhof in der Königgrätzer Straße – soweit es nicht schon der Fall ist – in den Besitz des preußischen Staates übergeführt werde und für dieses Gelände unter Berücksichtigung der augenblicklichen und zukünftigen Bedürfnisse an Staatsgebäuden einen nach großen, monumentalen Gesichtspunkten geordneten Bebauungsplan ausarbeiten zu lassen, für den das Abgeordnetenhaus Charakter und Maßstab zu bestimmen und Mittelpunkt zu sein hätte. Gleichzeitig würde dieser Bebauungsplan den Wunsch zu erfüllen haben, etwa unter Vollendung der künstlerischen Ausgestaltung des Rundbaues des Museums für Völkerkunde und unter Bezugnahme hierauf der Prinz-Albrecht-Straße eine Ausmündung in die Königgrätzer-Straße zu geben, welche der Bedeutung dieser Straße als einer Vereinigung der vornehmsten preußischen Staatsgebäude entspricht. ‚Denn das ist der Geist der Baukunst: Ungeheures zu gestalten und ein ganzes Volk zur staunenden Bewunderung zu zwingen', sagt Hermann Grimm im ‚Leben Michelangelo's' zur Vollendung des Palastes Farnese. In dem Lageplan, der den bisherigen Verhandlungen des Abgeordnetenhauses zugrunde lag ..., ist dieser Geist nicht vorhanden. Die hier vorgeschlagene Bebauung entspricht der Not des Augenblicks und der Not der engen räumlichen Verhältnisse. Diese Not wird schwinden, wenn ein künftiger Entwerfer mit der ganzen Nordseite der Prinz-Albrecht-Straße wird rechnen können."
Aber auch die Anrufung eines Zeugen wie Herman Grimm zeigte keine Wirkung. Das Abgeordnetenhaus bewilligte die Mittel für den Erwerb der Grundstücke und nahm den Bebauungsplan in

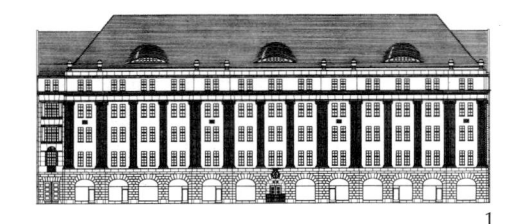

der vorliegenden Form an, so daß bereits im Sommer 1913 der Teilneubau des Landwirtschaftsministeriums an der Königgrätzer Straße begonnen wurde, der 1917 vollendet war. Der Erste Weltkrieg verhinderte die Verwirklichung der anderen Bauvorhaben, so daß die Prinz-Albrecht-Straße weiterhin ihr altes Gesicht behielt.

Es kam natürlich nicht von ungefähr, daß das Kriegsministerium im Kriegsjahr 1916 endlich bis auf eine Ausnahme alle an sein Gelände stoßenden Grundstücke in der Wilhelmstraße, auch das des Architektenvereins, erwerben konnte. Ausgerechnet das Vorderhaus Leipziger Straße 7, um das sich das Ministerium seit siebzig Jahren bemüht hatte, konnte sich dem Zugriff entziehen.

Die politischen Umwälzungen der Jahre 1918/19 zogen auch eine veränderte Nutzung der alten Staatsgebäude nach sich. Tagte das jetzt nach demokratischen Grundsätzen gewählte Preußische Abgeordnetenhaus, das nun allein die Bezeichnung Landtag trug, weiterhin am alten Ort, so zogen in das Gebäude des aufgelösten spätfeudalistischen Herrenhauses der Preußische Staatsrat und das neugebildete Ministerium für Volkswohlfahrt ein. Die Räumlichkeiten des ebenfalls aufgelösten Kriegsministeriums wurden in ihrem nördlichen Teil von Abteilungen verschiedener Ministerien, im südlichen vom Reichs-Ausgleichsamt genutzt. Die General-Militärkasse wurde später Landesamt für Gewässerkunde, die Ministerien für Handel und Landwirtschaft wurden dagegen keiner örtlichen Veränderung unterzogen.

Ein Kuriosum eigener Art stellte die Grenze zwischen den 1920 neugeschaffenen Stadtbezirken Mitte und Kreuzberg dar, die verwinkelt durch das Gelände zwischen Leipziger Straße und Prinz-Albrecht-Straße verlief. Erst während des Baus des Reichsluftfahrtministeriums wurde sie durch Gebietsaustausch auf den noch heute gültigen Stand gebracht.

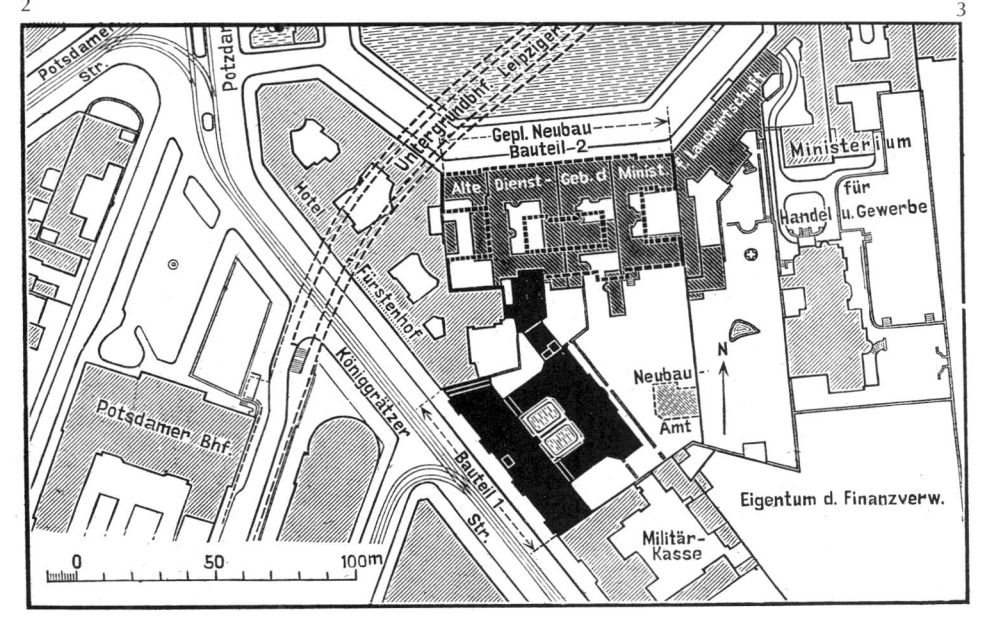

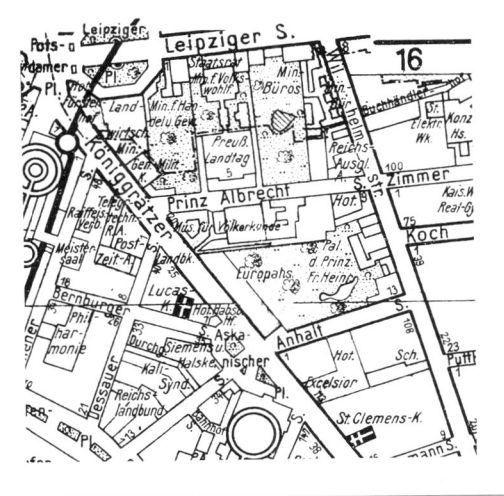

Das Landwirtschaftsministerium in der Königgrätzer Straße, erbaut 1913–17
1) Fassade
2) Fassadenriß
3) Lageplan

Ausschnitt aus: Berlin in der Tasche, um 1928

## 1910–1945

Bruno Möhring, Vorschlag zur Umgestaltung und Erschließung des Prinz-Albrecht-Gartens, 1920, Hotel am Askanischen Platz
1) Ansicht vom Anhalter Bahnhof und 2) Ansicht aus der Königgrätzer Straße

### Bruno Möhring: Das bessere Berlin

In den Jahren 1919/20 legte Bruno Möhring unter dem Titel „Das bessere Berlin" eine Artikelfolge vor, in der er Vorschläge zur städtebaulichen Ausgestaltung der näheren Umgebung des Potsdamer und Anhalter Bahnhofs machte. Im Gegensatz zu den hochfliegenden Plänen aus der Zeit des Wettbewerbs „Groß-Berlin" handelte es sich hierbei um Projekte, die auch mit geringen Mitteln und ohne großen Aufwand realisierbar waren. Ausgehend von einer Neugestaltung des Askanischen Platzes wollte Möhring in Verbindung mit einigen sozialpolitischen Gedanken auch den Prinz-Albrecht-Park der Öffentlichkeit zugänglich machen und die dortigen alten Schinkel-Bauten einer sinnvollen Nutzung zuführen. Nicht ganz dazu passend erschien sein Vorschlag zur Errichtung eines Hochhauses an der Südecke des Parks als Abschluß des Askanischen Platzes. Ganz abgesehen davon, daß ein solches Gebäude nach der damals gültigen Bauordnung gar nicht hätte erbaut werden können, so spiegelt dieser etwas utopische Gedanke doch die Faszination wider, die derartige Bauten auf die deutschen Architekten der Zeit ausübten.

„Die Aufschließung des Prinz-Albrecht-Parkes würde vor allem dem Kunstgewerbemuseum und der Kunstgewerbeschule zugute kommen. Zunächst müßte der kleine Garten östlich der Schule mit in das öffentliche Grün gezogen werden; damit würde die häßliche Ziegelmauer fallen, die die Schule mit dem Hotel Prinz Albrecht verbindet. Dann würde eine hübsche Promenade geschaffen werden können, die den Weg zu dem Anhalter Bahnhof und dem Geschäftsviertel Leipziger Straße, Wilhelmstraße, Zimmerstraße diagonal abkürzt. Der leicht geschwungene, breite Spazierweg durch den alten Park erschließt ein reizvolles, der Öffentlichkeit ganz unbekanntes altes Architekturstück, die malerische Gartenseite des Prinzenschlosses. Ein breiter Vorgarten von etwa 60 m Tiefe, von dem öffentlichen Park durch ein leichtes Eisengitter getrennt, müßte verbleiben. Dieser Gartenweg könnte dereinst sogar bis zur Leipziger Straße durchgeführt werden, denn der im Kriege so stark erweiterte Besitz des Kriegsministeriums wird einmal einheitlich behandelt werden müssen. Hier hat die Volksvertretung darauf zu achten, daß dieser Besitz nicht verzettelt wird und die Häuser nicht einzeln verbaut oder gar verkauft werden. Durch den alten Garten des Ministeriums würde man eine Grünverbindung durchführen können, die sich vom Askanischen Platz bis zum Wilhelmsplatz hinziehen würde. Ein anderer Teil des Parkes, der durch Gesträuch und Hecken, aber nicht durch Gitter oder Mauern abgetrennt werden darf, diente als Ausgleich für Museums- und Schulzwecke.

Das Kunstgewerbemuseum könnte einen

1) Bruno Möhring, Vorschlag für ein Hochhaus am Askanischen Platz
2) Bruno Möhring, Vorschlag zur Umgestaltung und Erschließung des Prinz-Albrecht-Gartens, 1920, Lageplan

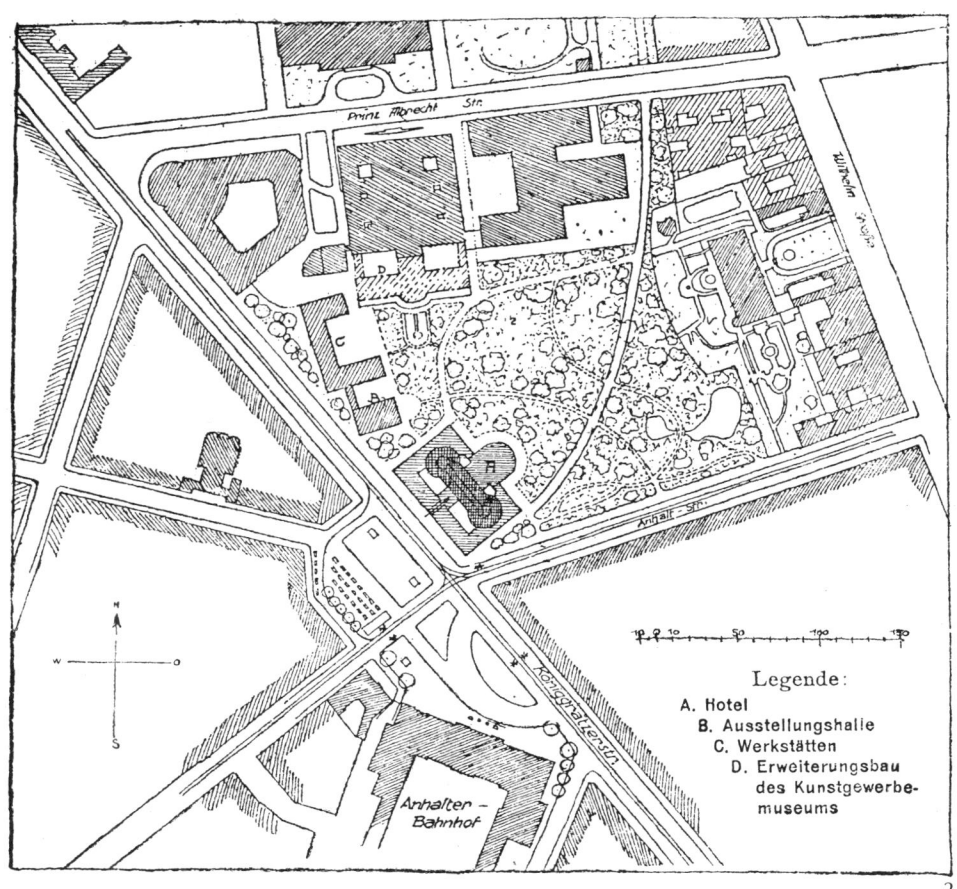

Legende:
A. Hotel
B. Ausstellungshalle
C. Werkstätten
D. Erweiterungsbau des Kunstgewerbemuseums

stattlichen Erweiterungsbau erhalten mit Sälen für die Kunst des 18. Jahrhunderts. Ein solcher Saalanbau, in Beziehung zu den öffentlichen Gärten gebracht, würde eine Verschönerung Berlins bedeuten. Heute ist dieses schöne und lehrreiche Museum von drei Seiten eingeklemmt, und die Zeit vom Großen Kurfürsten bis zum Tode Friedrichs des Großen, die für die Kunst in Preußen so große Bedeutung hatte, ist wenig günstig untergebracht.

Das nach der Königgrätzer Straße gelegene Marstallgebäude würde für die Anlage von Werkstätten für kunstgewerbliche Kleinmeister sehr geeignet sein; im Erdgeschoß könnten Läden für ihre Erzeugnisse eingerichtet werden; auch die daneben liegende Kapelle könnte für wechselnde kleine Ausstellungen aus dem Gebiete des Kunstgewerbes nutzbar gemacht werden. Die Berliner Kunstgewerbeschule hat keine rechte Popularität, keine Fühlung mit der Berliner Bevölkerung. Die Schüler, die ausgebildet wurden, finden keine Stütze, keine Hilfe für ihre Zukunft. Hier und da hat wohl ein Lehrer die Möglichkeit, besondere Lieblingsschüler noch etwas in ihrer Laufbahn zu betreuen, im allgemeinen aber ist es für den ausgebildeten Schüler schwer, einen Weg zur Selbständigkeit zu finden. Er ist nur Material für die Industrie, und hier wird er bald so abgeschliffen für die besonderen Zwecke seiner Brotherren, daß er eine künstlerische Eigenart nicht entwickeln kann. Wenn nun einigen begabtesten Schülern die Gelegenheit geboten wäre, hier in dieser geschäftlich so günstigen Lage eine Werkstatt und eine Verkaufsmöglichkeit auf einige Jahre vom Staate zu erhalten, bis sie wirtschaftlich gefestigt sind und einen Kundenkreis erworben haben, so würde das dem Aufschwung des Berliner Kunstgewerbes außerordentlich aufhelfen. Diese Meisterwerkstätten, die in unmittelbarer Fühlung mit Sammlungen, Bibliothek und Lehrerschaft verbleiben, würden ihren guten Einfluß auf das Handwerk dem Publikum deutlicher vor Augen führen, als alle Programme, Vorträge, Schülerausstellungen usw.

In dem Viertel Bellevue-Budapester-Lennéstraße ist ein Quartier von Geschäften und Bazaren luxuriöser Einrichtungen und Ausstattungen entstanden, ein bequem gelegener Markt für den Fremden und reichen Käufer. Für denselben Kundenkreis und für Sammler schließt sich in der Königgrätzer Straße, der Wilhelm- bis Anhaltstraße eine Zusammenhäufung von Antiquitätengeschäften an. Nun würde durch die Einrichtung solcher Anfängerwerkstätten der vom Staate zu unterstützenden tüchtigsten Schüler dieses Zentrum des kunstgewerblichen Marktes bedeutend erweitert werden. Die jungen Meister, die etwa nach drei bis fünf Jahren ihre Werkstätten an die nachkommenden abtreten müßten, würden sich in der Nähe dieser so günstigen Lage zwischen Anhalt- und Potsdamer Straße einzurichten suchen, und so würde hier der Markt für die feinere, künstlerische Handarbeit entstehen, wie etwa die Ritterstraße und Umgebung das Zentrum für die kunstgewerbliche Industrie geworden ist."

## 1910–1945

### Das Europahaus

Im Jahr 1924 wurde von der Großbauten A.G. ein Ideenwettbewerb zur Bebauung eines Teils des Gartens des Prinzen Albrecht ausgeschrieben, dessen Nachfahre selbst Mitglied der Gesellschaft war. Für die geplanten Neubauten stand ein Geländestreifen an der Königgrätzer Straße zur Verfügung, der bisher hauptsächlich mit Wirtschaftsgebäuden, die teilweise von Schinkel herrührten, bebaut war. Diese Gebäude und der Baumbestand gaben der Stadtverwaltung offenbar keine ausreichende Handhabe, den abenteuerlichen Plan zu verhindern. Im Gegenteil, die von der Baupolizei gemachten Einschränkungen wurden von fast allen Wettbewerbsteilnehmern (im Vertrauen auf die Berliner Behörden?) zugunsten der von der Großbauten A.G. gewünschten restlosen Ausnutzung, überschritten. Zur Verschleierung der wirtschaftlichen Hintergründe wurde als das Hauptziel die Verbesserung der städtebaulichen Situation am Anhalter Bahnhof angegeben, der offenbar eine Gartenfassade nicht genügen konnte. Erhaltung und Nutzung der Schinkelbauten wurden nicht einmal erwogen.

Werner Hegemann schrieb über die Ziele und Möglichkeiten in „Wasmuths Monatsheften für Baukunst":

„Das heute erhaltene und wild umbaute Platzungeheuer wird auch dadurch nicht schöner werden, daß man ihm eine hinkende Erweiterung auf dem Gelände der Prinz-Albrecht-Gärten schafft. Ebensowenig läßt sich auf der nördlichen Seite der Gärten jemals Sinn und Verstand in das planlos zusammengeworfene Durcheinander von Herrenhaus, Kunstgewerbemuseum, Völkermuseum usw. bringen; werden in Berlin staatliche Gelder jemals wieder so städtebaulich blind vergeudet werden, als es bei dieser Mißgruppierung der 90er Jahre geschah? Fast scheint es so. Der große Wettbewerb von 1910 lehrte überzeugend, daß die Berliner Eisenbahnverhältnisse von Grund auf umgestaltet werden müssen und daß der Anhalter Bahnhof (einer der Hauptschädlinge im Plane Berlins) hauptsächlich davon betroffen werden müsse. . .

Unter den obwaltenden Umständen läßt sich auf keine großartige städtebauliche Lösung hoffen. Auch die schönste Randbebauung der Prinz-Albrecht-Gärten wird infolge des zerfahrenen Straßenplanes und der vorhandenen unerfreulichen Bauten dieser Nachbarschaft nur wenig zur Geltung kommen. Das Günstigste, worauf man hoffen darf, ist, daß die Randbebauung der Prinz-Albrecht-Gärten möglichst schmal sei und daß sie ebenso wirkungsvolle Durchblicke ins Grüne gestatte, wie es Schinkels jonische Säulenstellung auf der Wilhelmstraßenseite der Gärten tut. Zu behaupten (wie es jetzt geschieht), daß solche Durchblicke wertlos seien oder daß die Gärten durch Säulen und Schirmpflanzungen nicht genügend vor Staub geschützt werden könnten, ist eine eigen-

1910—1945

Das Europahaus
1) Erster Bauabschnitt, 1926/27, von Richard Bielenberg und J. Moser
2) Zweiter Bauabschnitt (Hochhaus), 1928—31, von Otto Firle
3) Ansicht vom Anhalter Bahnhof, nach 1935
4) Ansicht aus der Saarlandstraße (früher Königgrätzerstraße), 1938
5) Grundstücksplan für den Wettbewerb, 1924
6) Luftaufnahme, 1935

tümliche Verkennung städtebaulicher Werte. Die auf Durchblicke im Geiste Schinkels zielende dankenswerte Anregung der Wettbewerbsbedingungen hat in vielen der gekrönten Arbeiten schöne Früchte getragen.

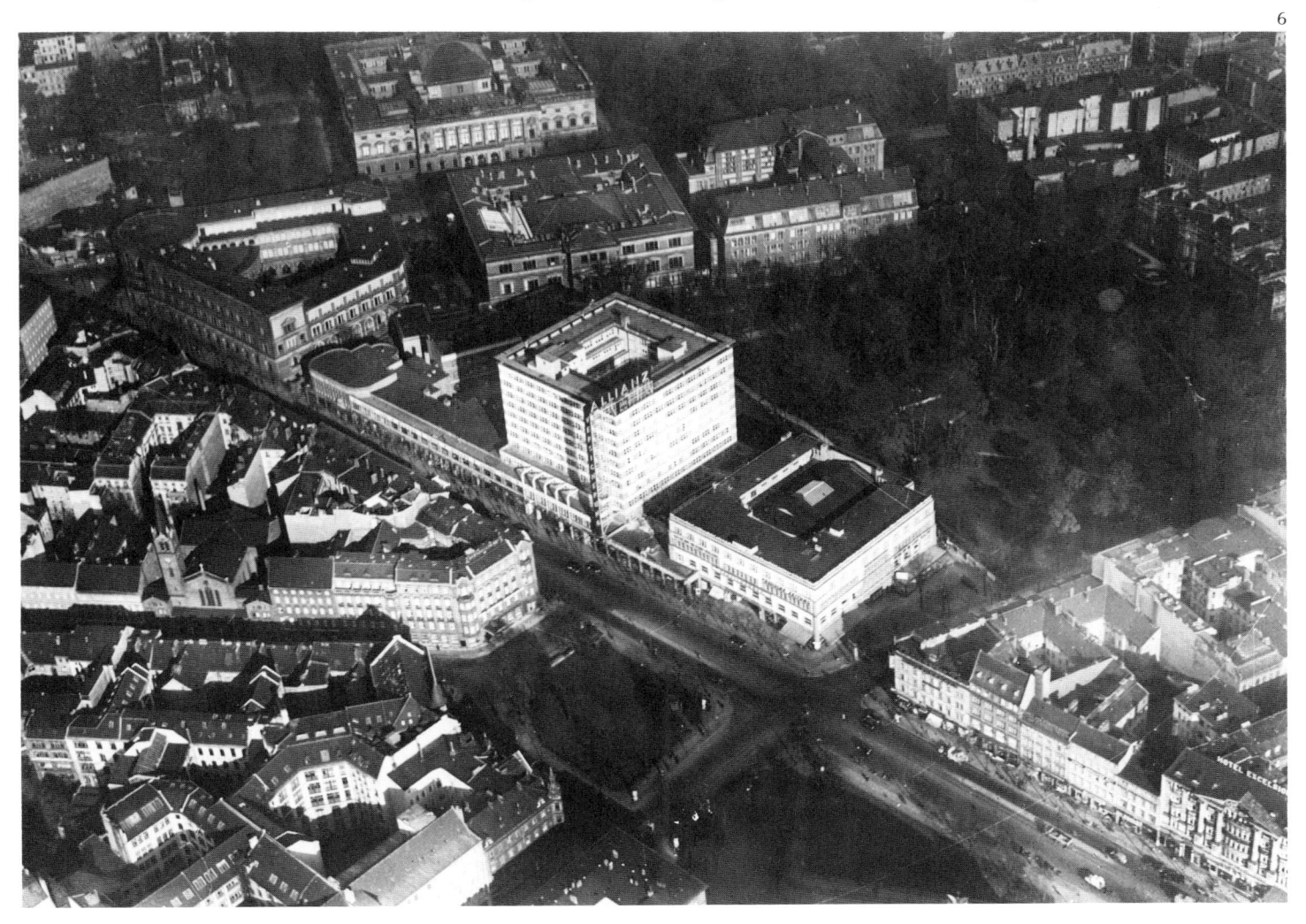

Da die Prinz-Albrecht-Gärten sicher einmal öffentliche Gärten werden müssen, liegt es nahe, die Einblicke in die Gärten wirkungsvoll in Beziehung zum künftigen Gartenplane und damit also zum Prinz-Albrecht-Palais zu bringen, das schon während der Freiheitskriege der öffentlichen Kunstpflege diente und das es in Zukunft umso besser tun wird, als seitdem seine Räume von Schinkel auf schönste neugestaltet wurden. Wenn man den Park dann aus seiner sentimental-romantischen Verwilderung rettet und ihn dem großen Geiste des Palastplanes unterordnet, wird er mit seinen Baumriesen — falls der Bahnhof fortbesteht — einen großartigen Freiluftwartesaal und auf alle Fälle eine der unentbehrlichen großstädtischen Oasen werden. Solche Oasen sind der Stolz und die Rettung der benachbarten Stadtviertel und geben ihnen Wert und Weihe."

Nun die Baugeschichte: als erster Abschnitt wurde 1926/27 das Eckhaus von Bielenberg und Moser verwirklicht. Dieser mächtige Kubus erfuhr 1928–31 eine Ergänzung durch den zweiten, doppelt so hohen, nach einem Entwurf von Otto Firle. Bis zum Völkerkundemuseum schloß nun ein flacher, einstöckiger Flügel den Rest des Gartens von der Königgrätzer Straße ab. Einen bemerkenswerten Blickpunkt bildete die Lichtreklame an dem Hochhaus, die schließlich noch durch den Werbezwecken dienenden Dachaufbau übertroffen wurde.

Die Schinkelbauten waren längst dem Erdboden gleichgemacht, einige Teile der — „an dieser Stelle unpassenden" — Stall-, Reit- und Gewächshäuser waren von der Stadt geborgen, um sie an anderer Stelle in „würdiger" Umgebung wiederaufzubauen. Schlamperei und Unachtsamkeit haben das dann verhindert. Der Hang, Bauten einzureißen und deren eventuellen Wiederaufbau an anderer Stelle in Aussicht zu stellen, wird dadurch zu absurd, um noch weiterhin als immerhin denkbare Möglichkeit angeboten zu werden (Beispiele: Allgemeine Bauschule, Ephraim-Palais).

Aus einem Bericht über die Aufstockung des Flachbaus im Jahre 1935 geht hervor, daß damals zumindest noch ein Seitenflügel des Marstalls stand, da er zur Ableitung des nun erhöhten Winddrucks benutzt werden sollte.

Der in Berlin traditionell schamlose Umgang mit erhaltenswerter Bausubstanz und den in der Innenstadt so notwendigen Grünanlagen hatte ein neues besonders abschreckendes Beispiel gefunden, denn von einer städtebaulichen Verbesserung des Askanischen Platzes konnte man nicht sprechen, während die totale Ausnutzung des zur Verfügung stehenden Geländestreifens letztlich doch durchgesetzt wurde. Die weitere Überbauung der Gärten unterblieb allerdings, die Publizität des Vorgangs und die Wirtschaftskrise haben weitere Aktivitäten dieser Art verhindert.

Den Krieg haben die Baublöcke schwer beschädigt überstanden, das Palais und der Garten sind verschwunden, ein Grund dafür ist sicher auch in der spätestens seit 1924 geübten Nichtachtung des Vorhandenen zu suchen.

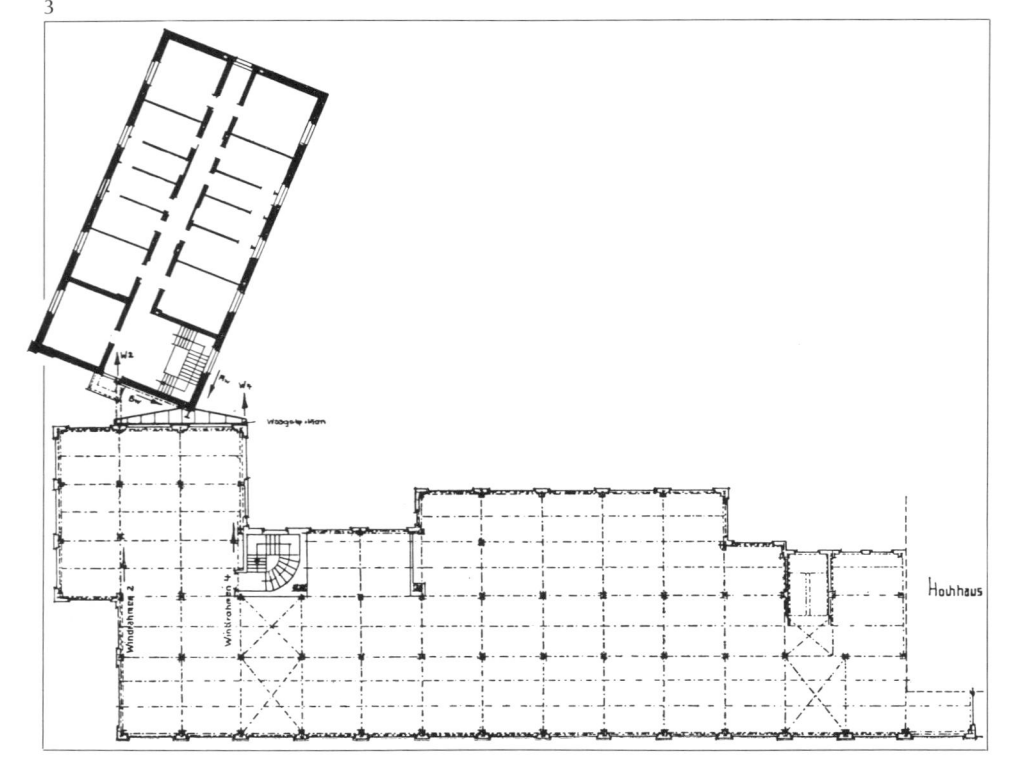

1) Das Europahaus bei Nacht
2) Das Europahaus ohne die Lichtreklamen, 1943
3) Der Nordflügel von Schinkels Marstallgebäude als Winddruckableitung für den Flachbau des Europahauses

1) Modellaufnahme des Reichsluftfahrtministeriums, 1935/36, von Ernst Sagebiel
2) Rückansicht der Häuser in der Wilhelmstraße vor dem Abbruch, 1935. Vor dem großen Brandgiebel das ehemalige Haus des Architektenvereins
3) Abriß des Kriegsministeriums in der Leipziger Straße

### Nach der „Machtergreifung"

Die Machtübernahme durch die Nationalsozialisten 1933 brachte für das Gebiet zwischen dem Leipziger Platz und der Wilhelmstraße einige wesentliche Veränderungen. Schon im April 1933 bezog die in Görings Auftrag für Preußen gebildete Politische Polizei die ehemalige Kunstschule in der Prinz-Albrecht-Straße 8. Die Kunstbibliothek wurde geschlossen und erst ein Jahr später im alten Museumsgebäude wiedereröffnet.

Als preußischer Ministerpräsident und Reichsluftfahrtminister hatte Göring sein Machtzentrum zwischen Leipziger- und Prinz-Albrecht-Straße, ihm mußte daran gelegen sein, sein Viertel zu arrondieren und das von ihm als eigene Landesbehörde legitimierte Geheime Staatspolizeiamt (Gestapa) in seiner Nähe zu haben. Fast genau ein Jahr später – am 22. April 1934 – zogen Himmler und Heydrich in die Leitung dieser Organisation ein, die sie konsequent, auch gegen den Machtanspruch Görings, zu einer Reichsbehörde erweiterten. Danach nisteten sich südlich der Prinz-Albrecht-Straße auch noch die Reichsleitung der SS und der SD, der Sicherheitsdienst der SS ein. Zu deren Zwecken wurden das Hotel Prinz Albrecht und das Palais Prinz Albrecht (1937) angemietet, über verschiedene Anbauten wurden Verbindungswege zwischen den Dienststellen geschaffen. Die Keller der Kunstgewerbeschule wurden zu Gefängniszellen umgebaut. Die Folterqualen der dort Eingesperrten entziehen sich jeder Beschreibung, ungezählt sind die Opfer aus allen Kreisen der Bevölkerung, die ihren Glauben an eine bessere Welt oder ihren direkten Widerstand gegen den Nationalsozialismus schon bei den Verhören mit dem Leben bezahlt haben. Dort war das Zentrum des staatlichen Terrors, der sich schließlich in ganz Europa gegen den Menschen richtete.

## 1910–1945

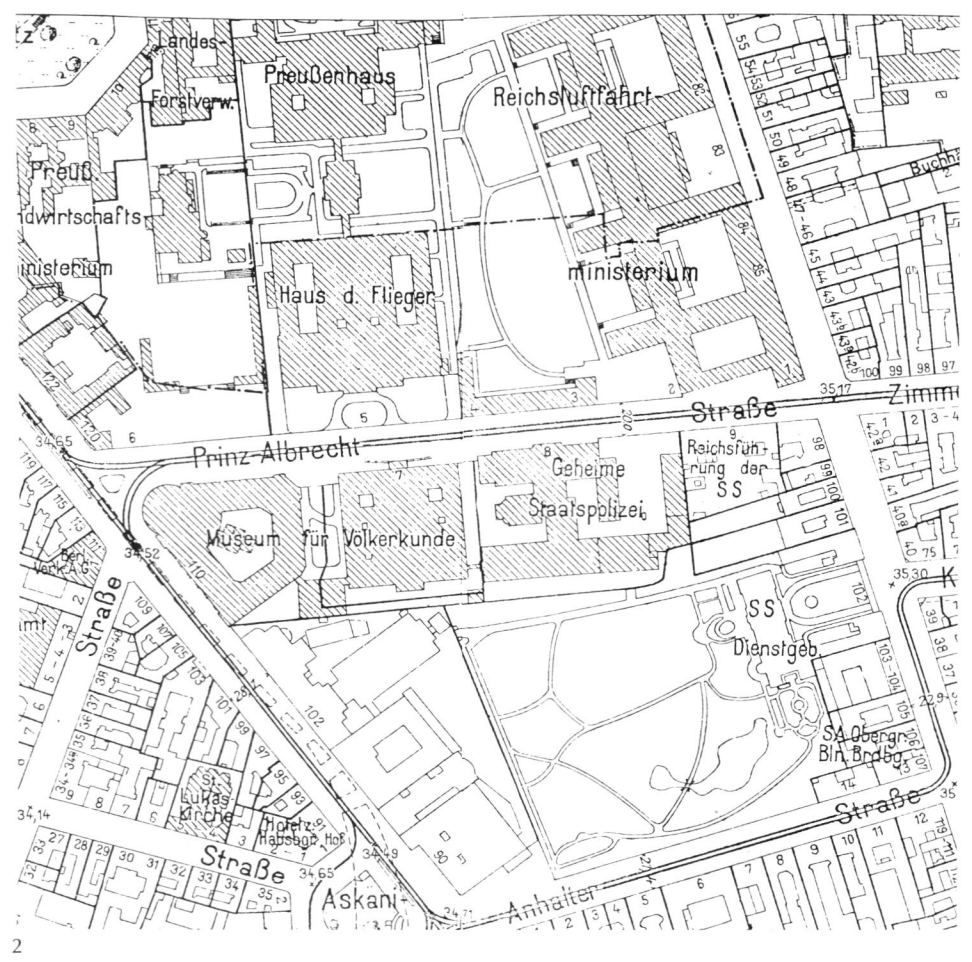

Die auf Befehlsinstanzen aufgebaute Bürokratie erfand in diesen Räumen Methoden zur Verängstigung, Peinigung und Vernichtung einzelner Personen oder ganzer Volksgruppen mit offenbar noch größerer Akribie, als sie auf andere Aufgaben verwendet wurde.

Hatte Göring die unmittelbare Kontrolle über die Einrichtungen der SS und der Gestapo verloren, so hielt er sich auf dem Gebiet nördlich der Prinz-Albrecht-Straße schadlos. Der ehemalige Preußische Landtag wurde durch das „Führerprinzip" nicht mehr benötigt, so erklären sich die neuen Bezeichnungen Preußenhaus und Haus der Flieger, eine genaue Funktionsbezeichnung ist nicht zu finden. Als Darstellung der eigenen Position innerhalb der Führungsgruppe kann der Bau des Reichsluftfahrtministeriums angesehen werden. Neben der Neuen Reichskanzlei ist es die repräsentativste Bauaufgabe für ein Mitglied der Regierung. Das Bauwerk erstreckt sich über das gesamte zwischen Leipziger- und Prinz-Albrecht-Straße an der Wilhelmstraße gelegene Gebiet, dabei wurde durch Flügelbauten auch in den bisher so eifersüchtig behüteten Park eingegriffen. Entgegen der ursprünglichen Planung, die die Fassade in der Leipziger Straße erhalten sollte, mußten dann doch alle alten Teile abgerissen werden. Wie die meisten nationalsozialistischen Regierungsbauten wurde auch dieser große Komplex innerhalb kürzester Zeit fertiggestellt. Durch die Gleichschaltung der Arbeiter war es möglich, alle technischen und organisatorischen Kenntnisse konsequent auszunutzen.

1) Parade vor dem Ehrenhof des Reichsluftfahrtministeriums in der Wilhelmstraße, 1937
2) Kartenausschnitt mit der neuen Bestimmung vieler Gebäude, 1935

**Geheime Staatspolizei** (Abk.: Gestapo) hat als selbständiger Zweig der Staatsverwaltung die Aufgabe, alle für die Staatssicherheit u. für die Einheit u. Gesundheit des Volkskörpers gefährl. Bestrebungen u. Handlungen, bes. Hoch- u. Landesverrat, Spionage, Verhetzung u. seelische Vergiftung des Volkes, Sprengstoff- und Waffenmißbrauch sowie strafbare Angriffe gegen Partei und Staat, zu erforschen, zu überwachen und zu bekämpfen und die Träger solcher Bestrebungen, möglichst bevor sie Schaden anrichten konnten, unschädlich zu machen, soweit nicht die Organe der ordentl. Rechtspflege zuständig sind. Um die illegale u. die getarnte Tätigkeit der Gegner des Nationalsozialismus feststellen zu können, ist eine umfassende Beobachtung aller Lebensgebiete u. eine tiefe Einsicht in die Bedeutung bes. der geistigen Zeiterscheinungen erforderlich. Die G. arbeitet daher weitgehend mit den Dienststellen der NSDAP., bes. mit dem Sicherheitsdienst des Reichsführers SS zusammen.

Die G. wurde 1933 länderweise unter je einem polit. Polizeikommandeur errichtet. Nunmehr untersteht sie einheitlich dem Chef der Dt. Polizei im Reichsmin. des Innern und gehört innerhalb seines Geschäftsbereichs zum Hauptamt »Sicherheitspolizei« († Polizei).

Die Aufgaben der G. werden wahrgenommen durch das Geheime Staatspolizeiamt in Berlin als fachlicher Zentralbehörde für das ganze Reich und durch die Staatspolizeileit- und Staatspolizeistellen, die jeweils für den Bezirk eines Landes, einer Regierung oder einer Kreishauptmannschaft eingerichtet sind. Die Staatspolizeistellen richten nach den sachl. Notwendigkeiten Außendienststellen und Grenzpolizeidienststellen (Grenzpolizeikommissariate und Grenzpolizeiposten) ein, die aber nicht selbständige Behörden, sondern detachierte Bestandteile der zuständigen Staatspolizeistellen sind. Die Kreis- und Ortspolizeibehörden haben den zuständigen Staatspolizeistellen über alle wichtigen polizeil. Vorgänge und Beobachtungen zu berichten. Sie sind ferner verpflichtet, den Ersuchen der Staatspolizeistellen Folge zu leisten. Verfügungen in Angelegenheiten der G. unterliegen nicht der Nachprüfung durch die Verwaltungsgerichte; sie werden nur auf dem eigenen Dienstaufsichtswege nachgeprüft.

Lit.: Heydrich, »Wandlungen unseres Kampfes« 1935; W. Best (in »Dt. Verwaltungsrecht«, hrsg. von Hans Frank, 1937).

aus: Meyers Lexikon, 4. Band, 1938

Clément Moreau, Erich Mühsam zum Gedächtnis, 1934
Nach offiziellen Angaben sollte Erich Mühsam am 10. 6. 1934 im KZ Oranienburg Selbstmord verübt haben.

„Mich haben sie durch die Rolle gedreht", sagte Enno, verschüchtert unter dem Blick des andern.
„Wer, wer hat dich so zugerichtet, ich will's wissen!" schrie das Braunhemd. Und er fuchtelte mit der Faust unter der Nase des andern und stampfte mit dem Fuße auf.
Hier war der Augenblick gekommen, wo jeder eigene Gedanke den Schädel Enno Kluges verließ. Unter der Bedrohung mit neuen Schlägen entliefen ihm Vorsatz wie Vorsicht, er flüsterte angstvoll: „Melde gehorsamst, die SS hat mich so zugerichtet."
In der sinnlosen Angst dieses Mannes lag etwas so Überzeugendes, daß die drei Männer am Tisch ihm sofort Glauben schenkten.
Ein verständnisvolles, billigendes Lächeln trat auf ihre Gesichter. Der Braune schrie noch: „Zugerichtet nennst du das? Gezüchtigt heißt das, zu Recht bestraft! Wie heißt das?"
„Melde gehorsamst: es heißt, zu Recht bestraft!"
„Na, ich hoffe, du wirst es dir merken. Das nächste Mal kommst du nicht so billig weg! Abtreten!"

aus: Hans Fallada, Jeder stirbt für sich allein, 1946

1945–1981

**Das Ende an der Prinz-Albrecht-Straße**

1) Straßenansicht der Ruine des Palais Prinz Albrecht im Jahr 1946
2) Fassade zum Ehrenhof
3) Blick in den Garten (an der rechten Seite ein Bunker und die Rückseite der ehemaligen Kunstgewerbeschule, zuletzt Sitz der Gestapo bzw. des Reichsicherheitshauptamtes)

1945—1981

1) Ruine der ehemaligen Kunstgewerbeschule, Rückseite
2) Hörsaal und Nordflügel der ehemaligen Kunstgewerbeschule
3) Blick über Bunkeranlagen auf das ehemalige Preußische Abgeordnetenhaus und das Reichsluftfahrtministerium

1945—1981

Das Innere des zerstörten Kunstgewerbemuseums, 1946, Eingangshalle und Großer Lichthof

**Käthe Niederkirchner, 7. 10. 1909 — 28. 9. 1944** — Nach der Kapitulation des Dritten Reiches wurde die Prinz-Albrecht-Straße – dieser Name hatte sich so eng mit dem der Gestapo verbunden, daß allein seine Nennung jeden Menschen vor Angst erschauern ließ – in Niederkirchnerstraße umbenannt.
Käthe Niederkirchner war die Tochter eines Rohrlegers, Gewerkschaftssekretärs und Mitglieds der KPD und gehörte seit dem zehnten Lebensjahr kommunistischen Kinder- und Jugendgruppen an. Käthe wurde Schneiderin und war wie so viele häufig arbeitslos. Die freie Zeit nutzte sie zu Kursen an der Marxistischen Arbeiterschule. Seit 1929 selbst Mitglied der KPD, intensivierte sie ihre politische Tätigkeit und wurde 1932 verhaftet. Die „Machtergreifung" zwang sie zur Emigration. In Moskau studierte sie an der Kommunistischen Universität der nationalen Minderheiten des Westens und arbeitete auch als Schneiderin. Ab 1941 leistete sie Aufklärungsarbeit unter Kriegsgefangenen und erreichte schließlich, in Deutschland eingesetzt zu werden. Sie wurde 1943 über Polen abgesetzt, aber kurz darauf verhaftet. Nach endlosen Verhören wurde sie in das KZ Ravensbrück eingeliefert und dort hingerichtet.

1945—1981

1) Ruine des Europahauses
2) Luftaufnahme der Umgebung des ehemaligen Kunstgewerbemuseums, ca. 1952

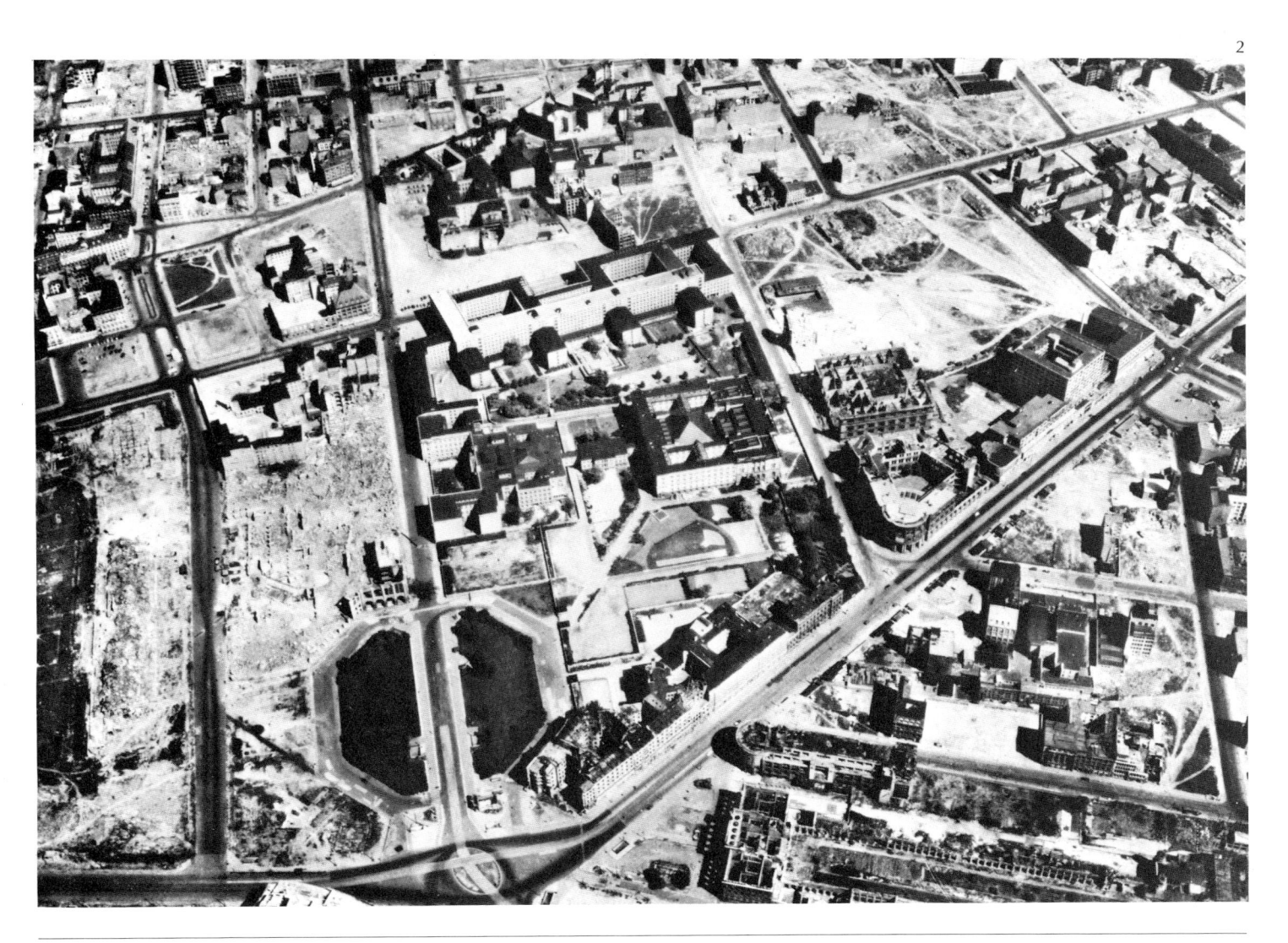

1945—1981

1) Blick über das weitgehend enttrümmerte Gelände in der Umgebung des ehemaligen Kunstgewerbemuseums, des ehemaligen Abgeordnetenhauses und des ehemaligen Reichsluftfahrtministeriums, 1963

2) Luftaufnahme des Areals zwischen Anhalter Bahnhof und Reichstagsgebäude, 1968

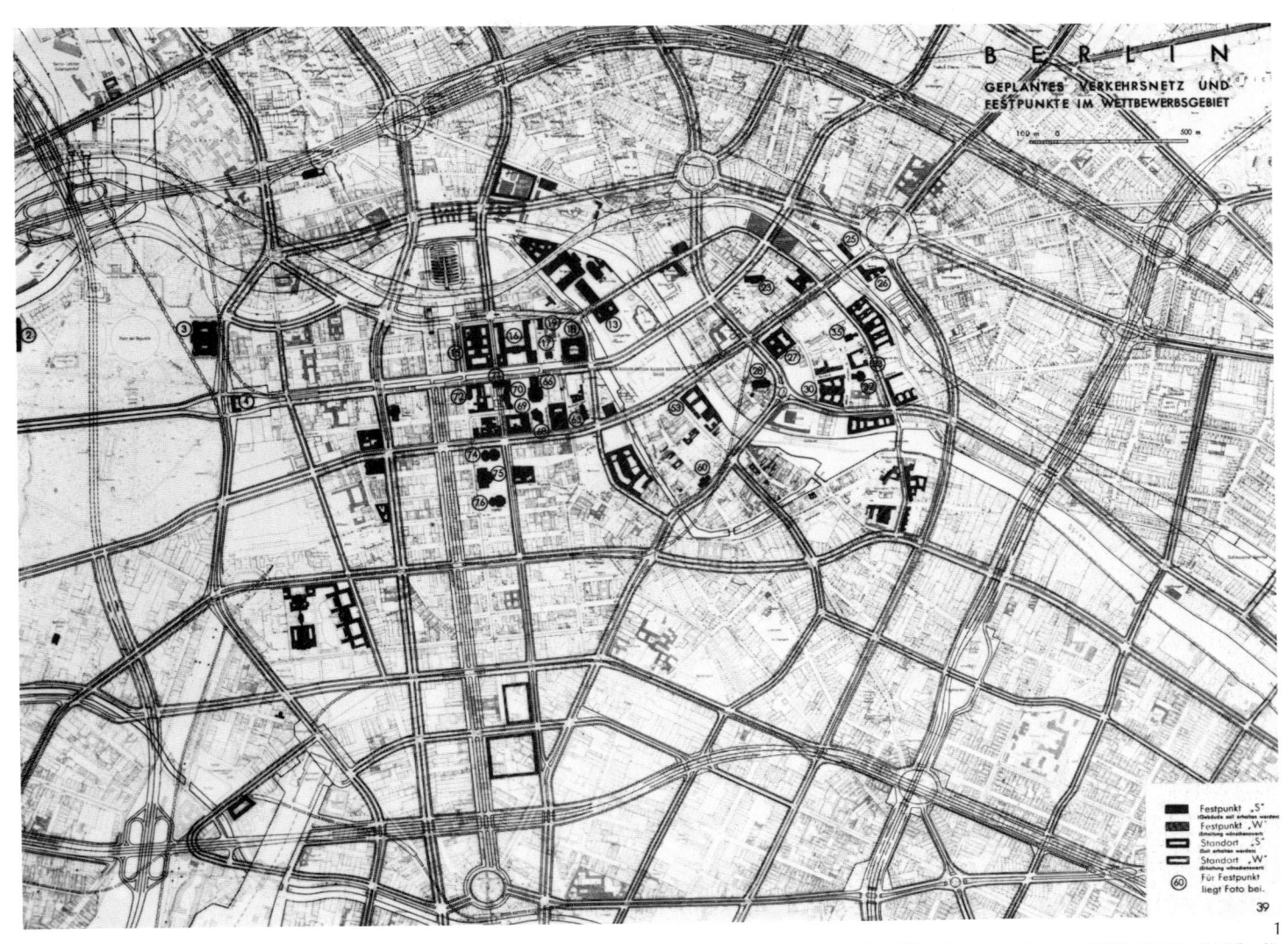

1) Geplantes Verkehrsnetz, Ideenwettbewerb „Hauptstadt Berlin", 1957
2) Ausschnitt aus: Bezirkskarte Kreuzberg, 1974

## Die Deutsche Wirtschaftskommission

Die nebenstehende Karte zeigt im Bezirk Mitte, im Ostteil der Stadt nördlich der Prinz-Albrecht-Straße noch den nicht angepaßten Nachkriegszustand. Als Nutzer des ehemaligen Preußischen Abgeordnetenhauses und des ehemaligen Reichsluftfahrtministeriums ist darin die Deutsche Wirtschaftskommission eingetragen, die am 13. 2. 1948 aus der Ständigen Wirtschaftskommission entstanden war, die selbst seit dem 15. 7. 1947 die elf Zentralverwaltungen ersetzte. Die DWK bildete faktisch die Zentralregierung der Sowjetischen Besatzungszone bis zur Übernahme der Geschäfte durch die Regierung der am 7. 10. 1949 gegründeten Deutschen Demokratischen Republik.

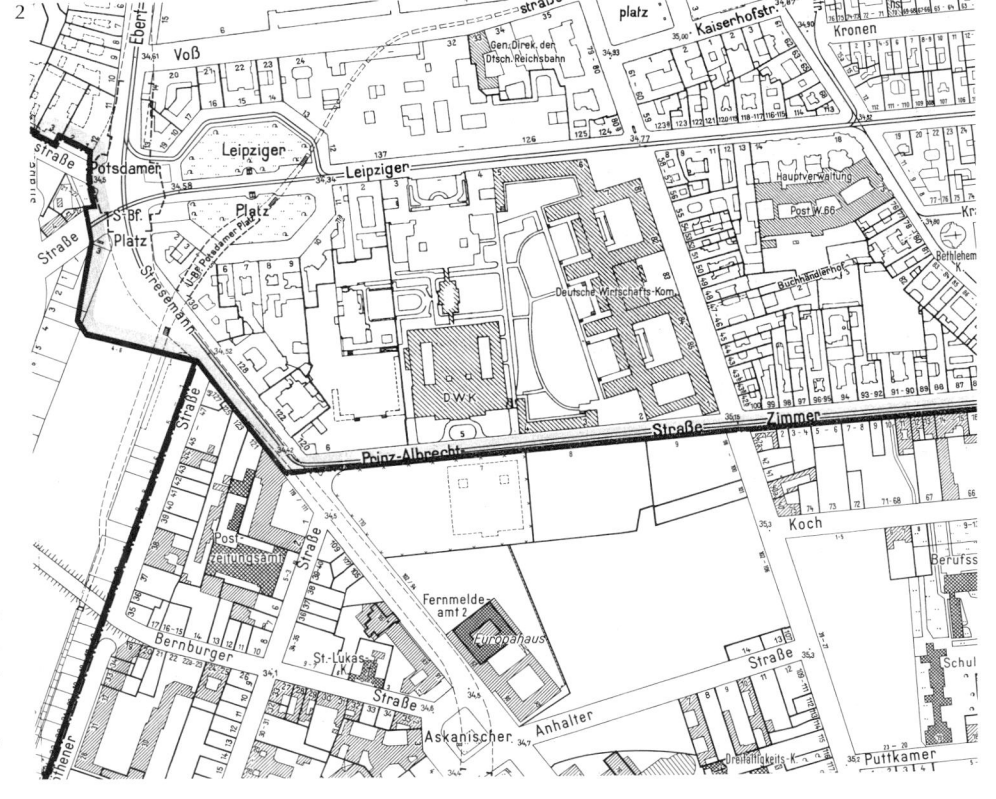

## 1945—1981

Das Kunstgewerbemuseum im Jahre 1967

**Die Ruine des Kunstgewerbemuseums**

Gegen Ende des Zweiten Weltkrieges wurde das Gebäude, ebenso wie alle anderen Bauten in unmittelbarer Umgebung durch Bomben, Granaten und Feuer beschädigt oder zerstört. Insbesondere entstand an der Nordseite schwerer Schaden, die Decken wurden dort bis zum Erdgeschoß durchschlagen und ein Teil aus der Fassade herausgerissen. Durch die enge Nachbarschaft mit der Zentrale der Gestapo wurde die Teilruine dann noch bis in die letzten Tage von der SS verteidigt und damit vom Gebäudekampf heimgesucht. Trotz der vielen Zerstörungen muß der Rest noch einen leidlichen Eindruck gemacht haben, denn es hatte zumindest in großen Teilen nicht gebrannt, so daß Farben und Verzierungen weitgehend erhalten waren. In den folgenden Jahren wurden die ehemalige Kunstgewerbeschule und das Palais Prinz Albrecht durch Sprengung dem Erdboden gleichgemacht, das Gelände wurde tiefenenttrümmert. Der verständliche Haß auf die dort tätig gewesenen Institutionen und der Wunsch, „Geschichte zu bewältigen" standen dabei im Vordergrund. Vergleicht man den Zustand des Palais Prinz Albrecht mit dem anderer Bauten, so wäre die Erhaltung dieses bedeutenden Barockbaus durchaus möglich gewesen.

Etwa im Jahr 1950 wird das ganze Gebiet abgeräumt gewesen sein, nur die beiden Museen standen unverändert. Während Sicherungsmaßnahmen im Völkerkundemuseum bald einen eingeschränkten Betrieb als Museum für Vor- und Frühgeschichte möglich machten, harrten im Nachbarhaus, das zuletzt die ostasiatische und die vor- und frühgeschichtliche Abteilung des Völkerkundemuseums beherbergt hatte, die verschütteten Keller mit nicht ausgelagerten Teilen der erneuten Ausgrabung.
Bereits 1955 wurde festgestellt, daß zumindest die Fassade des Gebäudes erhalten werden sollte, die Bestände des Kunstgewerbemuseums wurden damals notdürftig im Knobelsdorff-Flügel des Charlottenburger Schlosses untergebracht, allerdings mußte auch dieser Teil erst mit erheblichen Kosten in einen entsprechenden Zustand versetzt werden.
Im Wettbewerb „Hauptstadt Berlin" sind die beiden Museumsgebäude nicht als erhaltenswert gekennzeichnet. Das damals geplante Verkehrsnetz sah einen zweibahnigen Ausbau der Kochstraße und deren Verlängerung durch den Park des ehemaligen Palais Prinz Albrecht vor. Die Rücksichtslosigkeit dieser Planung, die nur zu willig die schweren Zerstörungen zum Anlaß weit übertriebener

Matthias Holländer, Das große und das kleine Tor (Ansicht aus der Eingangshalle vor Beginn der Restaurierungsarbeiten)

und auch den stehengebliebenen Rest gefährdender Planungen nahm, wirft ein erschreckendes Bild auf den Versuch, eine „autogerechte" Stadt zu errichten. Historische Momente der Stadtplanung und Stadtentwicklung konnten da keine Rolle spielen, wie sich z. B. deutlich an der Verbauung der Sichtachsen des Mehringplatzes (des früheren Rondells) zeigt.

Etwa gleichzeitig mit diesem Wettbewerb, 1957, wurde die Stiftung Preußischer Kulturbesitz, die endgültig 1962 ihre Arbeit aufnahm, gegründet. Getragen von der Bundesrepublik und einigen Ländern, verwaltet die Stiftung den ehemals staatlich preußischen Kunst- und Kulturbesitz. Von Anbeginn betrieb dieses Gremium Neubaupläne, die von den ehemaligen Heimstätten an der Niederkirchnerstraße – auch wenn sie von künstlerischem Wert waren – nur gestört wurden. So verschwand das Völkerkundemuseum im Jahr 1961. Zu dieser Zeit tauchte offenbar auch erstmals die heutige Bezeichnung „Gropius-Bau" für das Kunstgewerbemuseum auf, die einerseits die Sprachverwirrung beenden und andererseits die Verantwortlichkeiten verunklären sollte.

Die normale und dem Bau entsprechende Nutzung durch diesen riesigen Museumsverbund sollte eigentlich selbstverständlich gewesen sein, aber von dieser Seite geschah nichts. Auch die Aktivitäten des Denkmalpflegers hielten sich in Grenzen, ist doch fast der ganze Schmuck des Baus erst nach dem Krieg unter seiner „Betreuung" abhandengekommen. Offenbar war es unmöglich, die heimlichen Bewohner und die Diebe fernzuhalten. Nur der entschlossene Wunsch nach dem Wiederaufbau und das entschiedene Eintreten dafür hätten den Vandalismus dort verhindern können. Wer aber sollte das errichtete Gebäude nutzen? Die Stiftung war mit ihren Plänen zur Schaffung einer neuen „Museumsinsel" beschäftigt, die geplanten Neubauten ließen kein Geld für die Erhaltung oder Wiederherstellung übrig. 1966 wurde die Ruine in das Denkmälerverzeichnis Berlins aufgenommen. Noch 1968 wußte man nicht, was sich wohl unter dem Schutt im Gebäude verbergen würde. Die Stadt Berlin übernahm nun wenigstens die Kosten für die Enttrümmerung.

Nach über dreißig Jahren – die Hoffnung, der Zahn der Zeit werde das Problem lösen, hatte getrogen – wurden die Arbeiten in Angriff genommen, die etwas früher viel weniger Geld verschlungen hätten, denn die Zerstörung schritt immer schneller voran.

Seit 1971 war die Substanz durch ein Notdach gesichert und der Lichthof neu verglast. Sieben Jahre später zogen die ersten Handwerker ein und erreichten in vier Jahren (das entspricht der ursprünglichen Bauzeit) die teilweise Nutzbarmachung. Bis zur Fertigstellung werden noch einige Jahre vergehen und weiterhin wird dem Besucher, wenn er sich über die Geschichte des Bauwerks informiert, ein ungutes Gefühl überkommen, daß die für dieses Gebäude Verantwortlichen fahrlässig gehandelt haben. Von öffentlicher Hand wurde hier ein Modell geliefert für das bewußte Zugrunderichten von Bausubstanz, wie es jetzt in der Auseinandersetzung um die Hausbesetzungen von bedrückender Aktualität ist.

**1945—1981**

1) Der Lichthof des Kunstgewerbemuseums nach der Enttrümmerung, um 1976
2) Manfred Korthals, Fassadenriß und -schnitt, sowie Sprengisometrie aus der Bauaufnahme des Kunstgewerbemuseums, 1977

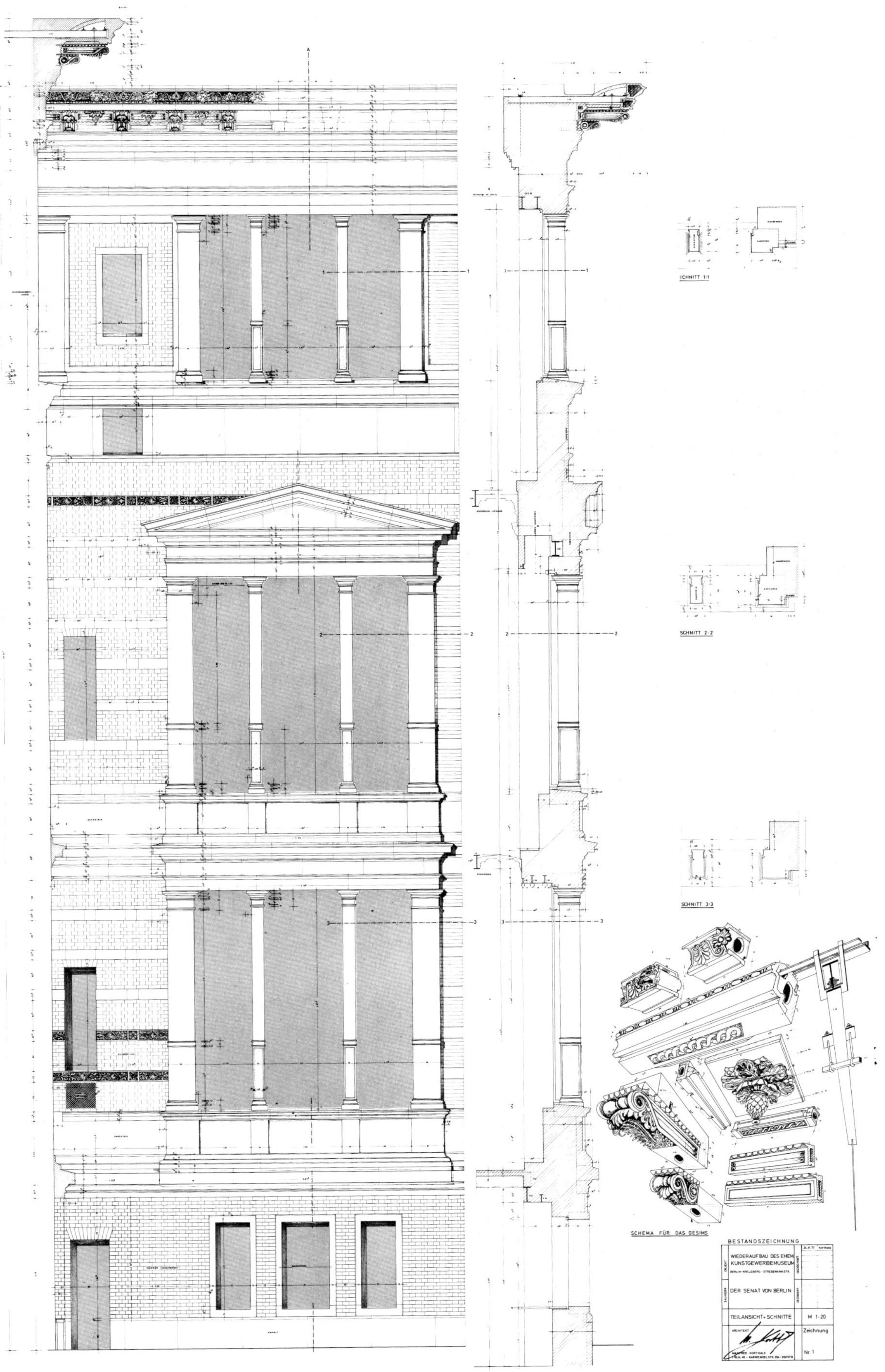

## 1945–1981

1) Die Allgemeine Bauschule, erbaut 1832–36 von Karl Friedrich Schinkel
2) Das Kunstgewerbemuseum, erbaut 1877–81 von Martin Gropius und Heino Schmieden
3) Ansicht des Kunstgewerbemuseums während der Schinkel-Ausstellung, 1981

**Martin-Gropius-Bau und Schinkel-Ausstellung**

Der Wiederaufbau des ehemaligen Kunstgewerbemuseums als Martin-Gropius-Bau zu einem Berliner Kulturzentrum – ein neues Kunstgewerbemuseum entsteht an anderer Stelle – war in der letzten Zeit auf die Durchführung der Preußen-Ausstellung im Herbst 1981 ausgerichtet. Im Erdgeschoß wurde im Frühjahr 1981 zu Ehren des zweihundertsten Geburtstages von Karl Friedrich Schinkel eine Ausstellung gezeigt, die von über 30000 Besuchern gesehen und zumeist positiv beurteilt wurde. Zustimmung fand auch der bauliche Zustand, der in dem großen Lichthof als eine Stufe zwischen ruinös und restauriert - work in progress – beschrieben werden kann.

Häufig wurde der Wunsch geäußert, die „Wiederherstellung" möge sich nicht zu penibel auf alle Teile erstrecken, da deren fehlerfreie Glätte ebenso wie unpassende Einbauten zumindest dem geübten Auge doch leicht erkennbar wären. Während der Schinkel- und der Preußen-Ausstellung wird die Architektur der einzelnen Räume durch Einbauten wesentlich verändert, die späteren Nutzer – Berlinische Galerie, Kunsthalle Berlin u.v.a. – werden sich diesen Aufwand nicht leisten können und unter den, ihrer ursprünglichen Form, Farbe und Bestimmung beraubten Räumen zu leiden haben. Am schmerzlichsten ist der Verlust der ehemaligen Farbgestaltung und

das Fehlen einer neuen gestalterischen Konzeption auf diesem Gebiet.
Die Schinkel-Ausstellung war in besonderem Maße zur Wiedereröffnung des Bauwerkes geeignet, weil dieses wie kaum ein anderes auf Schinkels wichtigsten Bau, die 1961 nach Kriegsschäden endgültig beseitigte Allgemeine Bauschule, zurückgreift. Es ist der letzte öffentliche, monumentale Bau der sogenannten Berliner Schule. Gegen die vor einhundert Jahren üblichen neobarokken Tendenzen in der deutschen Architektur setzten Martin Gropius und Heino Schmieden einen äußerlich einfachen Kubus, der sich auch im Innern teilweise von Schinkels Rasterbau ableiten läßt, durch. Neben der außerordentlich reichen Dekoration unterscheidet sich der Bau hauptsächlich durch seine monumentale Achse, die den Besucher über das Auf und Nieder der Treppen geleitet, von dem berühmten Vorbild. Als besondere Leistung der Architekten muß angesehen werden, daß diese Achse, die nicht nur Elemente der Prachtentfaltung, sondern auch Züge der Reglementierung trägt, im großen Lichthof nicht sichtbar hervortritt. Großartigkeit, die nicht erdrückt, Harmonie der Farben (nicht mehr vorhanden) und Leichtigkeit der Form weisen die Architekten als bedeutende Gestalter aus. Eine Neutralität, wie sie auch in Warenhäusern anzutreffen ist, ermöglicht die vielseitige Nutzung.
Nach den Kriegszerstörungen und den darauf folgenden Plünderungen wäre der Bau beinahe durch die Fortschrittsgläubigkeit seiner professionell mit der Erhaltung von Kunstwerken befaßten Eigentümer der Spitzhacke zum Opfer gefallen. Gemessen an den Versäumnissen der Vergangenheit muß die gutwillige, wenn auch nicht in allen Einzelheiten gelungene Nutzbarmachung des Gebäudes als außerordentlich positiv bewertet werden.

1) Der Lichthof des Kunstgewerbemuseums während der Schinkel-Ausstellung, 1981
2) Modell der Allgemeinen Bauschule aus der Schinkel-Ausstellung

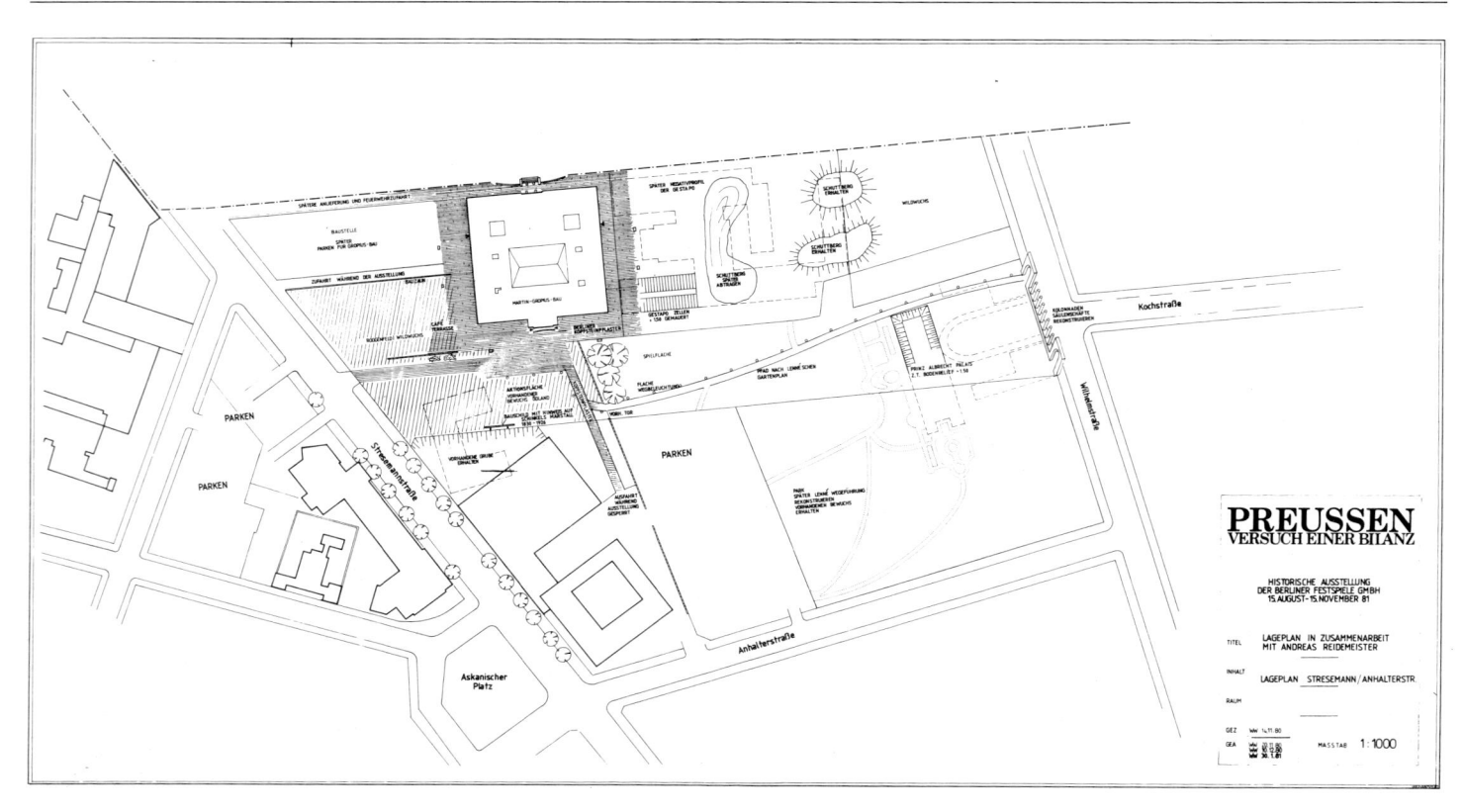

Entwurf für die Gestaltung der Umgebung des ehemaligen Kunstgewerbemuseums während der Preußen-Ausstellung, 1981

### Literaturhinweise

Berlin und seine Bauten, Berlin 1964 ff; Eva Börsch-Supan, Berliner Baukunst nach Schinkel. 1840 bis 1870, München 1977; Ernst Consentius, Alt-Berlin. Anno 1740, Berlin 1911 (Neudruck Berlin 1981); Werner Hegemann, Ideenwettbewerb zur Verbauung der Prinz-Albrecht-Gärten in Berlin, in: Wasmuths Monatshefte für Baukunst, 1924; Werner Hegemann, Der Städtebau nach den Ergebnissen der Allgemeinen Städtebauausstellung in Berlin, Berlin 1911–1913; Anna-Elisabeth Jacob, Zur Baugeschichte und Rekonstruktion des ehemaligen Berliner Kunstgewerbemuseums, in: Jahrbuch Preußischer Kulturbesitz, 1978; Gottfried Kaden, Gesammelte Merckwürdigkeiten von der Königl. Preuß. und Chur-Fürstl. Brandenburgischen Residentz Friderichs-Stadt, Berlin 1713 (Neudruck in Vorbereitung); Manfred Klinkott, Martin Gropius und die Berliner Schule, Berlin 1971 (Diss. TU); Jürgen Kuczynski, Geschichte des Alltags des deutschen Volkes, Bd. 2. 1650–1810, Berlin 1981; G. G. Küster, Altes und Neues Berlin, Berlin 1737–1769; Das Kunstgewerbemuseum zu Berlin. Festschrift zur Eröffnung des Museumsgebäudes am 21. 11. 1881, Berlin 1881 (Neudruck Berlin 1981); Fanny Lewald, Erinnerungen aus dem Jahre 1848, Frankfurt/Main 1969; Ludwig Metzel, Zur Geschichte des Herrenhaus-Gebäudes, Berlin 1900; Bruno Möhring, Das bessere Berlin, in: Stadtbaukunst aus alter und neuer Zeit, 1920; Barbara Mundt, Die deutschen Kunstgewerbemuseen im 19. Jahrhundert, München 1974; Agathe Nalli-Rutenberg, Das alte Berlin, Berlin o. J.; Marie-Louise Plessen / Daniel Spoerri, Le Musée Sentimental de Prusse, Berlin 1981; Julius Posener, Berlin auf dem Wege zu einer neuen Architektur, München o. J.; Hermann Pundt, Schinkels Berlin, Berlin 1981; Alfred Schinz, Berlin. Stadtschicksal und Städtebau, Braunschweig 1964; Karl Friedrich Schinkel. Werke und Wirkungen, Berlin 1981; Schinkel zu Ehren. Fünfundzwanzig Festreden, ausgewählt und eingeleitet von Julius Posener, Berlin 1981; Friedrich Schulze, Das neue Landtaghaus in Berlin, Berlin 1895; Samuel Heinrich Spiker, Berlin und seine Umgebungen im neunzehnten Jahrhundert, Berlin o. J. (Neudruck Gütersloh 1970); Folkwin Wendland, Berlins Gärten und Parke von der Gründung der Stadt bis ins ausgehende 19. Jahrhundert, Berlin 1979; und die im Text oder im Bildquellennachweis genannten Bücher und Zeitschriften.

### Bildquellennachweis

Berliner Architekturwelt – 1906 – 37/3, – 1909 – 66/2; Der Bär. Illustrierte Berliner Wochenschrift – 1884/85 – 17/2 + 3; Baugewerkszeitung – 1881 – 47/1, 92/2; Der Baumeister – 1904 – 43/2; Bauwelt – 1935 – 78/3, – 1936 – 79/1-3; Deutsche Bauzeitung – 1875 – 54/3, – 1878 – 39/3, – 1887 – 52/2, – 1895 – 61/1, – 1904 – 61/3, 67/1, – 1910 – 71, – 1913 – 72/1+2; Neudeutsche Bauzeitung – 1908 – 37/1; Berlin Museum 22, 23, 25/2, 27; Berlin und seine Bauten – 1877 – 29/2, 42/2, 43/3, 46, 54/1+2, – 1896 – 34/3, 36/2+3, 37/4, 58/1+2, 59/4, 60; Daheim – 1882 – 42/3, 51/1; Berliner Festspiele GmbH 94; Foto Binder 88; Handbuch der Architektur – III, 2, 2 – 50/1; Matthias Holländer 89; Jahrbuch der Stiftung Preußischer Kulturbesitz – 1963 – 28/2; Manfred Klinkott 48; Manfred Korthals 91; Kranich-Photo 90; Landesarchiv Berlin 8, 9, 11/1-5, 12, 16/2, 18/1, 20, 21, 24/3, 25/3, 26 (Pr. Br. Rep. 42, Nr. 1067), 33/2, 34/2, 47/2, 52/1, 55/2, 57/2 (Rep. 206, Acc. 1985), 61, 67/2, 78/1, 80/1, 82/1-3, 83/1-3, 84, 85/1, 96; Landesbildstelle Berlin 13, 18/2, 29/1, 30/1, 36/1, 37/2, 40/2, 41, 55/1, 61/2, 62/2, 68/1+2, 73/2, 77/1-4, 6, 78/2, 86/1+2; Carl Meffert/ Clément Moreau, Proletarische Kunst. Erweiterte Neuausgabe, Berlin 1977 81; Staatliche Museen zu Berlin 24/1+2, 25/1, 39/1+2; Staatliche Museen Preußischer Kulturbesitz – Kunstbibliothek – 51/2 (Lipp Hzl. 101, 19) – Kunstgewerbemuseum – 44/2+3 (Inv. Nr. 16, 123); Staatliche Schlösser und Gärten, Potsdam-Sanssouci, Aquarellsammlung 16/1; Hermann Schmitz, Berliner Baumeister vom Ausgang des 18. Jahrhunderts, Berlin 1925 17/1, 19; Karl-Robert Schütze 92/3, 93/1+2, 95; Johannes Sievers, Bauten für die Prinzen August, Friedrich und Albrecht von Preußen, Berlin 1954 30/2, 31, 32/1-4; Robert Springer, Berlin, Leipzig 1861 34/1; Stadtbaukunst in alter und neuer Zeit – 1920 – 74/1+2, 75/1+2; Technische Universität Berlin, Universitätsbibliothek 14/1-4, – Plansammlung – 45/1 (Inv. Nr. 10741), 45/2 (Inv. Nr. 10749), 45/3 (Inv. Nr. 10748), 56/1 (Inv. Nr. 14233), 56/2 (Inv. Nr. 14234), 57/1 (Inv. Nr. 14232), 70/2 (Inv. Nr. 8008); Verwaltung der Staatlichen Schlösser und Gärten, Berlin 10, 33/1; Wasmuths Monatshefte für Baukunst – 1924 – 76/3; Eric Werner, Mendelssohn. Leben und Werk in neuer Sicht, Zürich 1980 28/1; Wettbewerb Groß-Berlin 1910. Die preisgekrönten Entwürfe mit Erläuterungsberichten, Berlin 1911 70/1+3; Deutsche Widerstandskämpfer 1933-1945, Berlin 1970 84; Zeitschrift für Bauwesen – 1908 – 64/1, 65/2, – 1919 – 73/3, – 1851 Atlas – 35/1, – 1887 Atlas – 53/1+2, – 1908 Atlas – 65/1, 3, 4, – 1919 Atlas – 73/1; Zentralblatt der Bauverwaltung – 1882 – 49, 50/2, 59/3, – 1905 – 63/1-3, – 1906 – 64/2, 66/1, – 1907 – 69/1+2.

1945–1981

Blick von einem „Aussichtsturm" auf der Stresemannstraße in die Niederkirchnerstraße, 1981

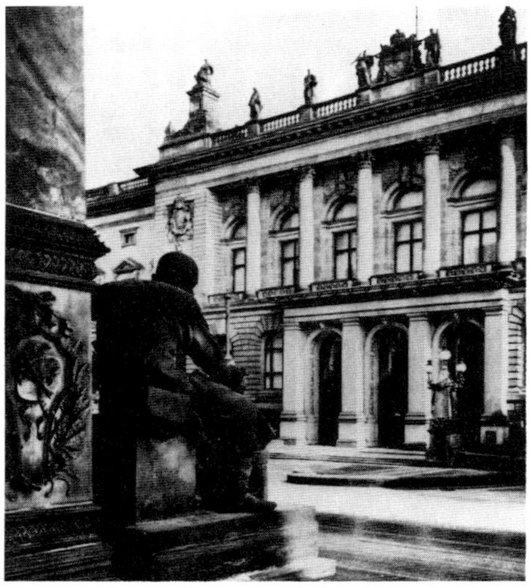